Spanish Speaking Activities

Fun Ways to Get KS3 Pupils to Talk to Each Other in Spanish

Sinéad Leleu and Jo Kentish

Publisher's information

We hope you and your pupils enjoy the activities in this book. Brilliant Publications publishes many other books for teaching modern foreign languages. To find out more details on any of our titles please log onto our website: www.brilliantpublications.co.uk.

¡Vamos a Cantar!	978-1-905780-13-6
Spanish Festivals and Traditions for KS3	978-1-905780-82-2
Spanish Pen Pals Made Easy for KS3	978-0-85747-142-0

Published by Brilliant Publications
Unit 10,
Sparrow Hall Farm,
Edlesborough,
Dunstable,
Bedfordshire,
LU6 2ES

Website: www.brilliantpublications.co.uk
General information enquiries:
Tel: 01525 222292
Fax: 01525 222720

The name 'Brilliant Publications'
and the logo are registered trade marks.

Written by Sinéad Leleu and Jo Kentish
Illustrated by Frank Endersby
Cover illustration by Emily Skinner
Printed in the UK

© 2011 Sinéad Leleu (text); Brilliant Publications (design and layout)
Printed ISBN: 978-1-905780-69-3
ebook ISBN: 978-0-85747-149-9
First published 2011
10 9 8 7 6 5 4 3 2 1

The right of Sinéad Leleu to be identified as the author of this work has been asserted by herself in accordance with the Copyright, Design and Patents Act 1988.

Pages 9–24, 26–49, 51–57, 59–69, 71–75 and 77–85 are photocopiable. These pages have the phrase 'This page may be photocopied for use by the purchasing institution only' written at the bottom of each. They may be photocopied by the purchasing institution or individual teachers for classroom use only, without consent from the publisher and without declaration to the Publishers Licensing Society. The material in this book may not be reproduced in any other form or for any other purpose without the prior permission of the publisher.

Contents

Introduction and Teacher tips

Las encuestas	Surveys	8–24
¿Qué tal?	How are you	9
¿Cómo te llamas?	What's your name?	10
Los animales	Animals	11
Los meses	Months	12
Los colores	Colours	13
Las bebidas	Drinks	14
La comida	Food	15
Los helados	Ice-cream	16
El transporte	Transport	17
Los días	Days	18
El deporte 1	Sports 1	19
El deporte 2	Sports 2	20
El tiempo	Time	21
Los cantantes	Singers	22
Las asignaturas	Subjects	23
Las películas	Films	24

Los juego de rol	Role-plays	25–49
Los saludos 1	Greetings	26
Los saludos 2	Greetings	27
Presentando a la familia	Introducing the family	28
El recreo 1	Playtime 1	29
El recreo 2	Playtime 2 ●	30
Ser /Estar	To be ★ ●	31
Dar un regalo de cumpleaños	Give a birthday present	32
Tener	To have ★ ●	33
El cuerpo 1	The body 1 ★	34
El cuerpo 2	The body 2	35
En el Mercado	At the market ★	36
En la cafetería	At the café	37
Tener la merienda	Have a snack	38
El tiempo y la ropa 1	The weather and clothes 1 ★	39
El tiempo y la ropa 2	The weather and clothes 2	40
La academia de famosos	Star Academy	41–42
En la playa	At the beach ★ ●	43
En la panadería	At the bakery	44
En el parque de atracciones	At the amusement park	45
Entrevista con una estrella de cine	Interview with a movie star	46
El invitado tímido/a	The shy guest	47–48
¡Veinte preguntas!	Twenty questions!	49

● More challenging activities

★ Answers to these pages are on pages 86–88.

¡Presentandote mi mundo/vida!	Introducing my life!	50–57
Mi receta de pizza 1	My pizza recipe 1 ★	51
Mi receta de pizza 2	My pizza recipe 2 ●	52
De camino a la escuela	On the way to school	53
¡Bienvenidos a nuestro escuela!	Welcome to our school!	54
Mi amigo/a	My friend	55
¡Me presento!	Let me introduce myself!	56
Mi receta de un batido de leche	My milkshake recipe	57

Las preguntas de opción múltiple	Multiple-choice questions	58–69
Los animales – ¿Qué soy yo?	Animals – What am I? ★ ●	59–60
Los colores	Colours ★	61
Las vacaciones	Holiday ★	62–63
El medio ambiente	The environment ●	64–65
Los paises y las ciudades	Countries and cities ★	66
Los sustantivos	Nouns ★	67
La ciudad	The city ★	68
Las tareas domésticas	Housework	69

Construyendo frases	Making sentences	70–75
Los animales	Animals	71
El tiempo y la ropa	Weather and clothes	72
Los verbos 1	Verbs 1	73
Los verbos 2	Verbs 2	74
Las asignaturas	Subjects (school)	75

Los Juegos	Games	76–85
Las emociones y los sentimientos 1	Emotions 1 ★	77
Las emociones y los sentimientos 2	Emotions 2 ★	78
La comida – me gusta	Food – I like	79
El aula	The classroom ★	80
¿Quién soy yo? 1	Who am I? 1	81
¿Quién soy yo? 2	Who am I? 2	82–85

Respuestas	Answers	86–88

● More challenging activities
★ Answers to these pages are on pages 86–88.

Introduction

One of the main aims of children learning a modern foreign language is to be able to communicate in that foreign language. Due to various factors, such as large class size, lack of time or teacher fluency, this is easier said than done, in particular, where oral communication is concerned. *Spanish Speaking Activities* contains over 50 fun ways to get pupils to talk to each other in Spanish. It consists of user-friendly photocopiable activities that facilitate oral communication. The activities encourage pupils to practise speaking autonomously, leading to more pupil speaking time and less teacher speaking time. Pupils also get to practise reading and writing along the way.

Teacher tips

1. **Surveys** (Pages 8–24)
- It is imperative that pupils have already been introduced to the theme/key language points of the survey. Use *Spanish Speaking Activities* to practise coursework, not replace it.

- Before giving out copies of the survey to each pupil, explain exactly what is expected of them, for example:
    Must they only use Spanish?
    Are they allowed to circulate?
    Must they use full answers/a tick/a cross etc?

- Hand out the survey sheets and read through it with the pupils.

- Demonstrate with a pupil.

- As pupils complete their surveys, you can move around the class to help and/or observe.

- As an extension activity, individual pupils could report back their 'findings', eg *Alex juega el foot. Sam juega al rugby. David juega al tenis* etc.

- A teacher-led class survey could also be done at the end. This could be done on a chart on the board, eg *¿Cuántas personas juegan al fútbol? ¿Cuántas personas jugar al baloncesto?*

2. **Role-plays** (Pages 25–49)
- It is imperative that pupils have already been introduced to the theme/key language points of the role-play.

- Before giving out the photocopied activity to each pupil, explain the context of the role-play and exactly what is expected of the pupils, eg work in pairs or groups, act out the role-play for the class etc.

- Hand out the role-play activity and read through it with the pupils.

- If there is a task, such as filling in blanks or matching words to pictures, allow the pupils to work on this in their pairs or groups. Correct this before they begin preparing their role-play.

- Give the pupils a fixed time to prepare, but be flexible if pupils obviously need more or less time.

- As the pupils practise, you can move around the class.

- If some pairs/groups finish practising early, get them to reverse roles.

- If the pupils are performing for the class, use filming terms, such as '¡Acción!' and '¡Corte!' to make it more exciting.

- Do not correct mistakes during the performance and ensure that you praise effort.

3. **Presentations** (Pages 50–57)
- Introduce the theme/key language points of the presentation.

- Before giving out the copies of the activity to each pupil, explain exactly what is expected of them, eg Will all pupils be expected to speak in front of the class?

- Hand out copies of the presentation sheet and read through it with your pupils. Allow them at this stage to pencil in or circle if necessary.

- Give pupils time to complete and prepare their presentation during which time you can circulate.

- Encourage pupils to read as little as possible when presenting to the class, particularly in the case of more confident pupils.

- Do not correct pupils during the presentation and, most importantly, ensure that you praise their efforts.

4. **Quizzes/Multiple choice questions** (Pages 58–69)
- Introduce the theme/key language points of the quiz.

- Before giving out the photocopy to each pupil, explain exactly what is expected of them, eg Must they do the quiz alone or in pairs? Must they do it themselves and/or on each other?

- Hand out copies of the quiz photocopy. Let the students know it is a quiz with 'right or wrong' answers, but you will not be giving the answers until the end!

- Once completed, correct the quiz with the entire class.

- As an extension activity, the quiz could be used as a role-play, eg a TV quiz show with a quiz master and a contestant.

5. **Making sentences** (Pages 70–75)
- Introduce the theme/key language points of the activity.

- Before giving out the sheet to each pupil, explain exactly what is expected of them, eg Do they have to cut out the words? Do they have to write out the sentences? Do they have to make a certain number of sentences?

- Hand out the photocopy and read through it with your pupils. Explain that most words can be used more than once.

- Give them some examples of sentences.

- This activity could predominantly be a reading and perhaps writing activity. However, pupils tend to be so proud of being able to produce whole sentences on their own that even weaker pupils like to share with the class.

6. **Games** (Pages 76–85)
- Introduce the theme/key language points of the game.

- Before giving out the photocopy to each pupil, explain exactly how the game is played and if they need to complete blanks before beginning.

- Hand out a photocopy to each pupil and read through it with the class.

- If there are blanks to be filled in, give your pupils time to do this. Once completed, correct as a whole class.

- Demonstrate to your pupils how the game is played.

… And of course, have fun!

Las encuestas

Las encuestas	**Surveys**	
¿Qué tal?	How are you?	9
¿Cómo te llamas?	What's your name?	10
Los animales	Animals	11
Los meses	Months	12
Los colores	Colours	13
Las bebidas	Drinks	14
La comida	Food	15
Los helados	Ice-cream	16
El transporte	Transport	17
Los días	Days	18
Los deportes 1	Sports 1	19
Los deportes 2	Sports 2	20
El tiempo	Time	21
Los cantantes	Singers	22
Las asignaturas	Subjects	23
Las películas	Films	24

¿Qué tal?

Go around your classroom and ask your classmates their names and how they are.

¿Cómo te llamas?	¿Qué tal?
1. Sam	Estoy bien. ☺
2	
3	
4	
5	
6	
7	
8	
9	
10	
11	
12	
13	
14	
15	
16	
17	
18	
19	
20	

Me llamo Sam. ¿Cómo te llamas?

Me llamo Chris.

¿Cómo te llamas?

Go around your classroom and ask your classmates their names, ages and where they live.

¿Cómo te llamas?	¿Cuántos años tienes?	¿Dónde vives?
1. David	12	Liverpool
2.		
3.		
4.		
5.		
6.		
7.		
8.		
9.		
10.		
11.		
12.		
13.		
14.		
15.		

Me llamo David.

Tengo doce años.

Vivo en Liverpool.

Los animales

Find out what animals your classmates have.

¿Tienes ... ?   Sí, tengo.   No, no tengo.

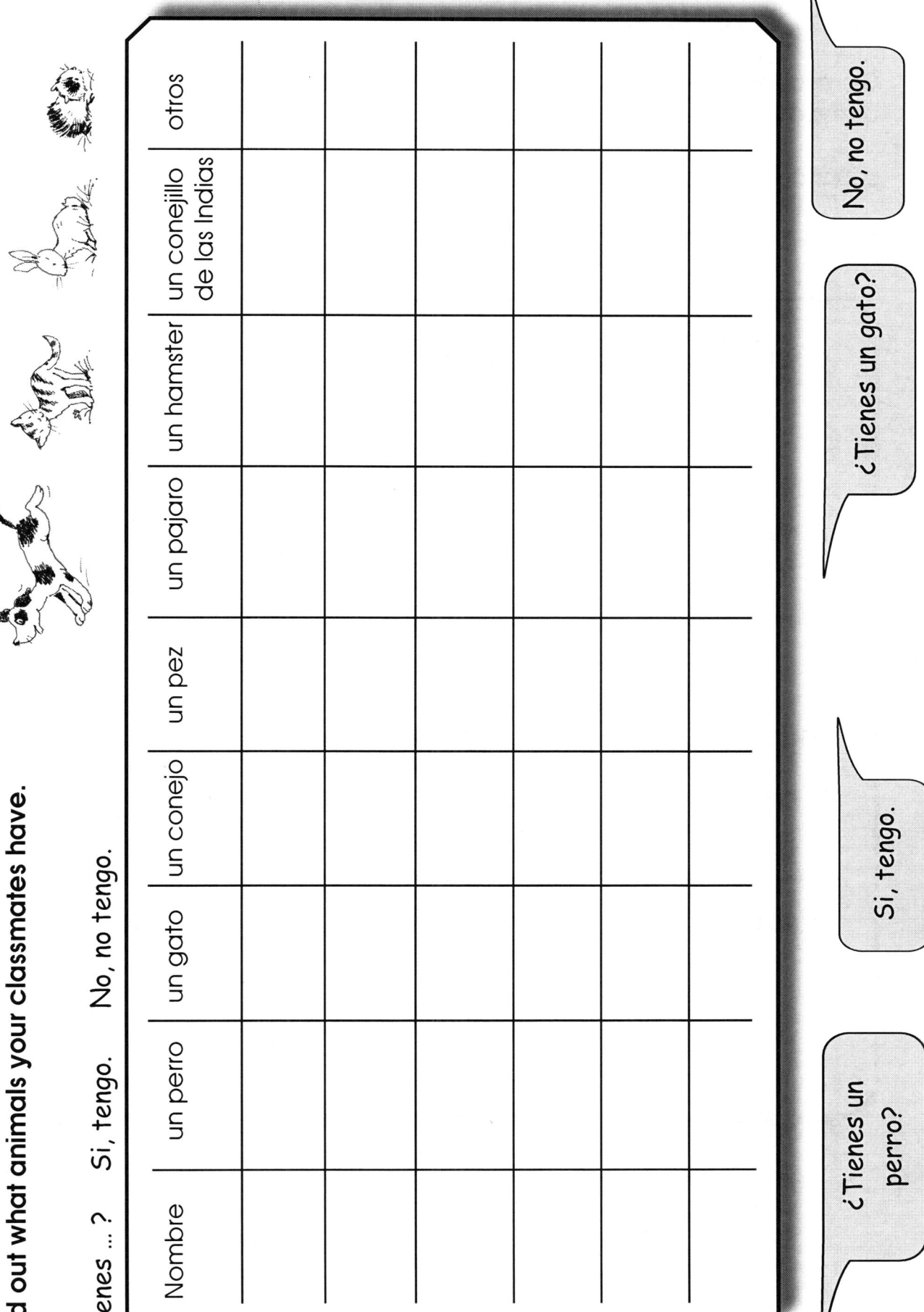

Nombre	un perro	un gato	un conejo	un pez	un pajaro	un hamster	un conejillo de las Indias	otros

¿Tienes un perro?   Sí, tengo.   ¿Tienes un gato?   No, no tengo.

Los meses

Go around the class and find out in which month your classmates' birthdays are.

¿Cuando es tu cumpleaños?

Mi cumpleaños es en … .

enero	febrero	marzo
abril	mayo	junio
julio Lise	agosto	septiembre
octubre	noviembre	diciembre

¿Cuando es tu cumpleaños?

Mi cumpleaños es en julio.

Los colores

Find out what is the favourite colour of eight people in your class.

¿Cuál es tu color favorito?   Mi color favorito es ... .

Nombre	azul	rojo	morado	amarillo	verde	rosa	negro	blanco	marrón
TOTAL									

De 8 alumnos, el color favorito es _____ .

Las bebidas

Find out what drinks your classmates like and dislike.

¿Te gusta …?   Si, me gusta … .   No, no me gusta … .

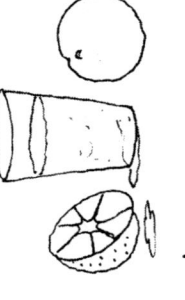

Nombre	la leche	zumo de naranja	el agua	la coca-cola	la limonada	el té	el café
TOTAL							

¿Te gusta el zumo de naranja?

Si, me gusta el zumo de naranja.

No, no me gusta zumo de naranja.

La comida

Find out what food your classmates like and dislike.

¿Te gusta ...?   Si, me gusta ... .   No, no me gusta ... or no me gustan ... .

For example: Si, me gustan pepinos. No me gustan tomates. (cucumbers and tomatoes – plural) Si me gusta helado. No me gusta helado. (ice cream – singular)

Nombre	los tomates	los pepinos	las judias	los plátanos	las manzanas	el queso	el helado	los caramelos

¿Te gustan las manzanas?

Si, me gustan las manzanas.

No, no me gustan las manzanas.

Los helados

Find out which flavour of ice-cream your classmates prefer.

¿Cuál es tu helado favorito?   El helado ... .

Nombre	de café	de vainilla	de chocolate	de caramelo	de menta	de fresa	de menta-chocolate
TOTAL							

¿Cuál es el helado favorito?

¡El helado de vainilla!

El helado favorito es el helado de _____

El transporte

Find out how your classmates get to school.

¿Cómo vas al colegio?   Voy (en ...)

Nombre	a pie	en bicicleta	en coche	en autobús	en tren

La mayoría de los alumnos en mi clase vienen _____ .

(The majority of the children in my class come to school by ... .)

Los días

Find out which days your classmates like and dislike.

¿Cuál es tu día favorito?   El viernes.   ¿Cuál es el día que menos te gusta?   El lunes.

Nombre	lunes	martes	miercoles	jueves	viernes	sábado	domingo

¿Cuál es tu día favorito?

El viernes.

¿Cuál es el día que menos te gusta?

El lunes.

Spanish Speaking Activities for KS3

El deporte 1

Find out from five of your classmates what ball sports they play.

¿Juegas ... ?   Sí, juego ... .   No, no juego ... .

Deporte/ Nombre					
el fútbol					
al rugby					
el tenis					
el cricket					
el baloncesto					
el vóleibol					
el golf					
el hockey					
otros					

El deporte 2

Find out from five of your classmates what sports they do.

¿Haces ... ?   Si, hago ... .   No, no hago ... .

Deporte/ Nombre					
Equitación (montar a caballo)					
Danza					
Gimnasia					
Bicicleta					
Natación					
Judo / Karate					

El tiempo

Find out when your classmates get up in the mornings.

¿A qué hora te levantas?   Me levanto a ... .

Nombre	6h30	6h45	7h	7h15	7h30	7h45	8h	8h15	8h30	8h45	9h
Auriéle						✔					

6h = las seis
7h = las siete
8h = las ocho
9h = las nueve
7h15 = las siete y cuarto
7h30 = las siete y media
7h45 = las ocho menos cuarto

Los cantantes

Find out which singer or group is most popular in your class.

¿Cuál es tu cantante o grupo favorito?

Nombre	Cantante/Grupo

Complete the following sentences about yourself and read them out to the class.

Mi cantante favorito es _____ .

El/ella es bueno/a o genial/fantastico/a.

Me gusta la canción _____ .

Or
Mi grupo favorito es _____ .

Ellos/Ellas son buenos/ buenas / geniales/ fantasticos.

Me gusta la canción _____ .

Vocabulario
un alumno .... pupil
bueno (a) .... good
una canción .... a song
un cantante .... a singer (male or female)
genial .... great

Las asignaturas

Find out from five classmates which subjects they like best. Answer 'Sí' or 'No'.

¿Te gusta …?   Sí, me gusta … .   No, no me gusta … .

Sí, me gusta las ciencias.

No, no me gusta el diseño.

Asignatura/Nombre					
Las matemáticas					
El inglés					
El francés					
La historia					
El geografía					
Las ciencias					
El deporte					
El diseño					
Informática					
Educación física					

Las películas

Find out what types of film your classmates like.
(More than one film-type can be chosen.)

¿Qué tipo de película te gusta?   Mi tipo película gusta es ... .

Tipo/Nombre					
Comedia					
Músical					
Intriga/Policiaca					
Romántico					
Horror					
Aventura					
Animación					
Fantasía					

Now find out what is their favourite film.

¿Cuál es tu película favorita?   Mi película favorita es ... .

Nombre	Título de película

Los juegos de rol

Los juegos de rol	**Role-play**	
Los saludos 1	Greetings 1	26
Los saludos 2	Greetings 2	27
Presentando a la familia	Introducing the family	28
El recreo 1	Playtime 1	29
El recreo 2	Playtime 2 •	30
Ser/Estar	To be •	31
Dar un regalo de cumpleaños	Give a birthday present	32
Tener	To have •	33
El cuerpo 1	The body 1	34
El cuerpo 2	The body 2	35
En el mercado	At the market	36
En la cafetería	At the café	37
Tener la merienda	Have a snack	38
El tiempo y la ropa 1	Weather and clothes 1	39
El tiempo y la ropa 2	Weather and clothes 2	40
La academia de famosos	Star Academy	41–42
En la playa	At the beach •	43
En la panadería	At the bakery	44
En el parque de atracciones	At the amusement park	45
Entrevista con una estrella de cine	Interview with a movie star	46
El invitado tímido/a	The shy guest	47–48
¡Veinte preguntas!	Twenty questions	49

- More challenging activites

Los saludos 1

Meeting and greeting 1

In pairs, read and practise the conversation between Elena and Alex.

Elena:	¡Hola Alex!
Alex:	¡Hola Elena!
Elena:	¿Qué tal?
Alex:	Muy bien, gracias. ¿Y tú?
Elena:	Muy bien, gracias.
Alex:	¡Adiós!
Elena:	¡Adiós!

Now, in pairs, circle and fill in the gaps to help you make up your own 'meeting and greeting' conversation.

Estudiante 1: ¡Hola, _____! (nombre)

Estudiante 2: ¡Hola, _____! (nombre)

Estudiante 1: ¿Qué tal?

Estudiante 2: Bien/Muy bien/Fenomemal, gracias. ¿Y tú?

Estudiante 1: Bien/Muy bien/Fenomemal, gracias.

Estudiante 2: ¡Adiós, _____!

Estudiante 1: ¡Adiós, _____!

Vocabulario

¡Hola!	Hello	¿Qué tal?	How are you?
bien	Fine	un estudiante	a pupil/student
muy bien	Fine	¿Y tú?	How about you?
gracias	Thank you	fenomenal	great
nombre	name		

Los saludos 2

Meeting and greeting 2

In pairs, read and practise the conversation between Ana and Marcos.

Ana:	¡Buenos días Marcos!
Marcos:	¡Buenos días Ana!
Ana:	¿Cómo estás?
Marcos:	Estoy bien, gracias. ¿Y tú?
Ana:	Estoy muy bien, gracias.
Marcos:	¡Adiós, Ana!
Ana:	¡Adiós, Marcos!

In pairs, circle and fill in the gaps to help you make up your own 'meeting and greeting' conversation.

Estudiante 1:	¡Buenos días, _____! (nombre)
Estudiante 2:	¡Buenos días, _____! (nombre)
Estudiante 1:	¿Cómo estás?
Estudiante 2:	Estoy bien/estoy muy bien, gracias. ¿Y tú?
Estudiante 1:	Estoy bien/estoy muy bien, gracias.
Estudiante 2:	¡Adiós, _____! (nombre)
Estudiante 1:	¡Adiós, _____! (nombre)

Vocabulario

un estudiante	a pupil/student	¿Qué tal?	How are you?
Buenos días	Good morning.	Estoy bien	I'm fine/well
Adiós	Goodbye	Estoy muy bien	I'm very well
gracias	Thank you	¿Y tú?	How about you?
nombre	name		

Presentando a la familia

You bump into a friend while out for a walk with your family. Use some of the following phrases to make up a conversation. In pairs or groups, act out the conversation. Use one or more phrases from each box.

> Hola. Buenos días.

> ¿Qué tal? Estoy bien, gracias. ¿Y tú?

> Te presento a mi madre. Te presento a mi padre. Te presento a mi amiga.
>
> Te presento a mi hermana. Te presento a mi hermano. Te presento a mi amigo.

> Buenos días Señora. Buenos días Señor. ¡Hola!
>
> Encantada Señora. Encantado Señor.

> Adiós. ¡Qué tengas un buen día!

Vocabulario

Hola	Hello/Hi	gracias	Thank you
mi padre	my father	te presento	I present/introduce
¿Qué tal?	How are you?	¿Y tú?	How about you?
Buenos días	Good morning	Adiós	Goodbye
Estoy bien	I'm fine	mi madre	my mother
mi amiga	my friend (female)	mi amigo	my friend (male)
Encantado/a	pleased to meet you		
¡Qué tengas un buen día!	Have a nice day		

El recreo 1

You have a new pupil in your class. Your teacher asks you to include the new pupil in your games at break-time.

In pairs, use the following conversation to help you act out the role-play.

Estudiante 1: ¡Hola_____!
                        (nombre)

Estudiante 2: ¡Hola_____!
                        (nombre)

Estudiante 1: ¿Quieres jugar?

Estudiante 2: Si.

Estudiante 1: ¿Quieres jugar ... ?

_____
{
...al fútbol
...al baloncesto
...al voleibol
...al lobo
...a pillar
...A la rayuela
...a saltar a la comba
__otro__
}

Elève 2: ¡Si, vamos!

Jugar a saltar a la comba   Jugar a la rayuela

Vocabulario

¡Hola!	Hi	¿Quieres jugar?	Do you want to play?
si	Yes	jugar a pillar	to play tag
vamos	let's go	la rayuela	hopscotch
al voleibol	volleyball	al baloncesto	basketball
al fútbol	football	a saltar a la comba	skipping

El recreo 2

You are in the school yard. In pairs or small groups, act out a role-play where one person asks another to play.

Choose at least one line from each selection to help you. Amusez-vous! Have fun!

Personne 1:
¡Hola!
¡Buenos días!
} ...

Personne 2:
¡Hola!
¡Buenos días!
} ...

¿Quieres jugar conmigo?
¿Quieres jugar con nosotros?
} ...

¡Sí!
Si, quiero. Gracias.
} ...

¿Quieres jugar al escondite?
¿Quieres jugar a la rayuela?
¿Quieres jugar a la pillar?
}

¡Vale!
Si, quiero.
¡Yo!
} ...

¿Quién da a la cuerda?

¿Quién cuenta?
¿Quién empieza?
¿Quién es el lobo?
} ...

¡Yo!
¡Tú!
¡Yo, no!
} ...

_____
(nombre)

¡Vamos!

Vocabulario

Buenos días. ....Good morning	quiero......I'd love to	contar........to count
¡Hola! ....Hello	jugar ....to play	gracias .....thank you
empezar ....to start	¡Yo! ....me	Tú ....you
vamos ....let's go	con .... with	rayuela .....hopscotch
nosotros ....us	a pillar .....tag	¡yo, no! .... not me!
vale ....ok	si.............yes	
dar a la cuerda ...to turn the rope		
¿Quieres .... ? ....Do you want ... ?		

Ser and Estar – the verb 'to be'

In Spanish there are two verbs which mean 'to be' and they are used in different circumstances.

Complete the verb.

Ser – To be

Yo _____ eres
Tú _____ es
Él/Ella _____ soy
Nosotros _____ sois
Vosotros _____ son
Ellos/Ellas _____ somos

Estar – To be

Yo _____ estás
Tú _____ está
Él/Ella _____ estoy
Nosotros _____ estáis
Vosotros _____ están
Ellos/Ellas _____ estamos

When to use ser and estar
Ser

- Days, dates, times, events.
- Personality and character.
- Profession, nationality, gender.
- What things are made of.

Estar

- Feelings, moods, emotions.
- Location of things and people, but not events.

Try these:

1 Pedro _____ en casa.
2. Mi padre _____ médico.
3 Hoy _____ viernes.
4. _____ contento.
5 _____ Americano.
6. Los niños _____ inteligentes.

Vocabulario
contento/a ....happy   médico........... doctor   viernes .... Friday
Americano/a ....American   inteligentes..... intelligent   en casa .... at home

Dar un regalo de cumpleaños

It is your friend's birthday. You wish him/her a happy birthday and give him/her a present. In pairs, act out the role-play. To help you, fill in the blanks in the following conversation using the vocabulary below.

Estudiante 1: Feliz cumpleaños _____ .
(nombre)

Estudiante 2: ¡Gracias!

Estudiante 1: Aquí tienes tu regalo. Es un/una _____ .
(adjectivo)

Estudiante 2: Gracias. Es _____ .

Estudiante 1: De nada.

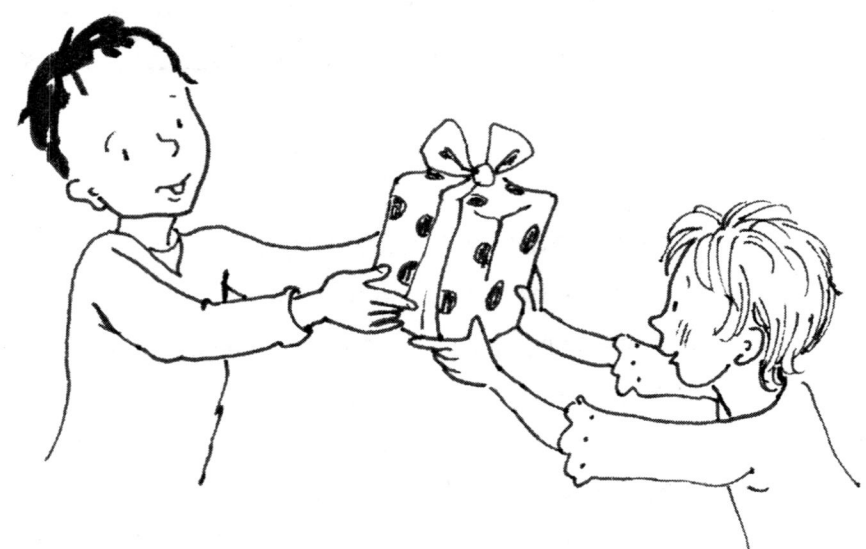

Vocabulario

dar	to give	un regalo	a present
Feliz cumpleaños	happy birthday	gracias	thank you
aquí tienes	here is	es	it is
un CD	a CD	de nada	you're welcome
chulo	nice	fantástico	fantastic
genial	great	adorable	adorable
¡Guay!	cool	mono/a	cute
super	super	precioso/a	lovely
magnífico	magnificent	Me encanta	I love it
un juego	a game	una consola	a console
Me gusta mucho	I really like it	una muñeca	a doll
una pelota de futbol	a football	un libro	a book
un peluche	a cuddly toy	un DVD	a DVD
un juego de mesa	a board game	amable	kind

Tener

Eric and Marie have received a new football from their Grandad. Eric rushes out to show his friends. He forgets that the football is also Marie's … until Marie comes out wearing football gear! Circle the correct form of 'tener'. Then in groups of five, practise the role play.

Panel 1 (Grandad): ¡Gracias abuelo! / Aquí tienes una pelota para los dos.

Panel 2 (Eric): Tengo/Tienen una pelota nueva. / Wow! Tu tienes/Ella tiene una pelota nueva.

Panel 3 (Eric to friends): ¡Mira! Ellas tienen/El tiene una pelota nueva.

Panel 4 (Marie): ¡No! Ellos tienen/Nosotros tenemos una pelota nueva.

Panel 5: ¡Si! Tenemos/Tienes una pelota nueva. / ¡Wow! Tenéis/Tengo una pelota nueva.

Vocabulario

tener	to have	aquí tienes	here is/here you have
yo tengo	I have	para	for
tu tienes	you have	¡Mira!	Look!
el tiene	he has	una pelota	a ball
ella tiene	she has	nosotros tenemos	we have
uno tiene	one has	vosotros tenéis	you have (plural)
ellos tienen	they have (masc)	ellas tienen	They have (fem)

El cuerpo 1

Draw lines to match the sentence with the correct picture.

1. Me duele la rodilla

2. Me duele la oreja

3. Me duelen los dientes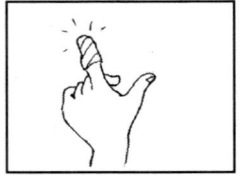

4. Me duele la nariz

5. Me duele el pie

6. Me duele el brazo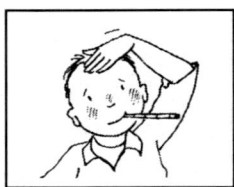

7. Tengo varicela

8. Me duele el estómago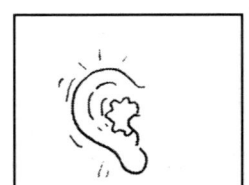

9. Me duele la cabeza

10. Me duele el ojo

11. Me duele el dedo

12. Tengo fiebre

13. Estoy constipado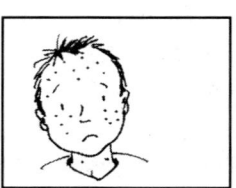

14. ¡Me duele todo!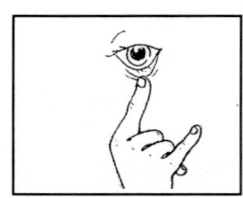

El cuerpo 2

1. Pedro does not want to go to school! Look at the cartoon, then read the conversation between Pedro and his mother.

Mamá:	¡Pedro! ¡Levántate!
Pedro:	¡Oh no! ¡Colegio!
Mamá:	Es la hora de levantarse.
Pedro:	¡Ai! ¡ai! Estoy malo! ¡Me duele el estomago! ¡Me duele la cabeza! ¡Me duelen los dientes! ¡Me duele el brazo! ¡Me duele la rodilla! ¡Me duele el pie! ¡Me duele todo!
Mamá:	Toma este medicamento.
Pedro:	¡No hace falta! ¡Estoy mejor!

2. In pairs, use the cartoon and conversation above to help you make up your own conversation. Practise and do the role-play for your class.

Mamá:	Pedro. ¡Levántate!
Pedro:	¡Oh no! ¡Colegio!
Mamá:	Es la hora de levantarse.
Pedro:	¡Ai ! ¡ai! Estoy malo! ¡Me duele_____.
Mamá:	Toma este medicamento.
Pedro:	¡No hace falta! ¡Estoy mejor!

Vocabulario

levántate......... get up	es.....................it's	la hora........ time
tomar.............. to take	no hace falta......... no need	el colegio .... school
levantarse........ to get up	un medicamento.. medicine	
Estoy mejor ...... I'm better		

En el mercado

Cut out the following sentences and put them in the right order. Then use them to help you act out a role-play at the market.

M – El dependiente (stallholder)   C – cliente (customer)

M: ¿Qué quieres?

C: Gracias señor.

M: Gracias, Señora, adios.

C: Eso es todo.

M: ¿Algo más?

C: Buenos días, Señor.

M: Buenos días, Señora.

C: Adiós, Señor.

M: Aquí tienes. Será ____ euros, por favor.

C: Quiero dos kilos de tomates, una lechuga y un pepino, por favor.

C: Aquí tienes ____ euros Señor.

Quiero dos kilos de tomates, una lechuga y un pepino, por favor.

Aquí tienes. Será cinco euros, por favor.

Vocabulario

Tomates .... tomatoes	lechuga .... lettuce	pepino .... cucumber
¿Algo más?. Anything else?	Eso es todo...that's all	aquí tienes.... here is

En la cafetería

Complete the conversation using the vocabulary below. In pairs, act out the role-play.

```
         Snack
bocadillo           €4
pizza               €5
Croissant           €1
        Bebidas
Zumo de naranja €2
Coca-cola           €2
Limonada            €2
```

Camarero: Buenos días, _____ . ¿Qué quieres tomar?
(señor/señora/señorita)

Cliente: Buenos días, Señor. Quiero _____
y _____ por favor.

Camarero: Aquí tienes. ¡Que aproveche!
Cliente: Gracias, Señor.

Cliente: Señor, la cuenta por favor.
Camarero: Aquí tienes. Será _____ euros por favor.
Cliente: Aquí tienes. Gracias, Señor. Adiós.
Camarero: Gracias, _____ .
Adiós.   (señor/señora/señorita)

Vocabulario
el camarero.......... the waiter
aquí tienes............. here you are
un cliente .... a customer
Por favor............... please
gracias.................. thank you
la cuenta .... the bill
la camarera .... the waitress
y .... and
quiero .... I want/would like
adiós .... goodbye

Tener la merienda

You and your little cousin have decided to have a healthy snack. In pairs, use some of the following sentences to help you make up a role-play.

Primo mayor:

¿Tienes hambre?

Yo también. ¿Quieres merendar?

¿Qué quieres?

Primo menor:

Si, tengo hambre.

Si, por favor.

Quiero una coca-cola/un yogur/
una manzana/un zumo de naranja/
caramelos/patatas fritas/chocolate/
un plátano/un croissant/un pastel/
una tarta/una naranja.

No, porque es malo para la salud.
No, porque es malo para los dientes.
Si, es bueno para la salud.

¡Es verdad!

¡Toma!

¡Gracias!

¡De nada! ¡Que aproveche!

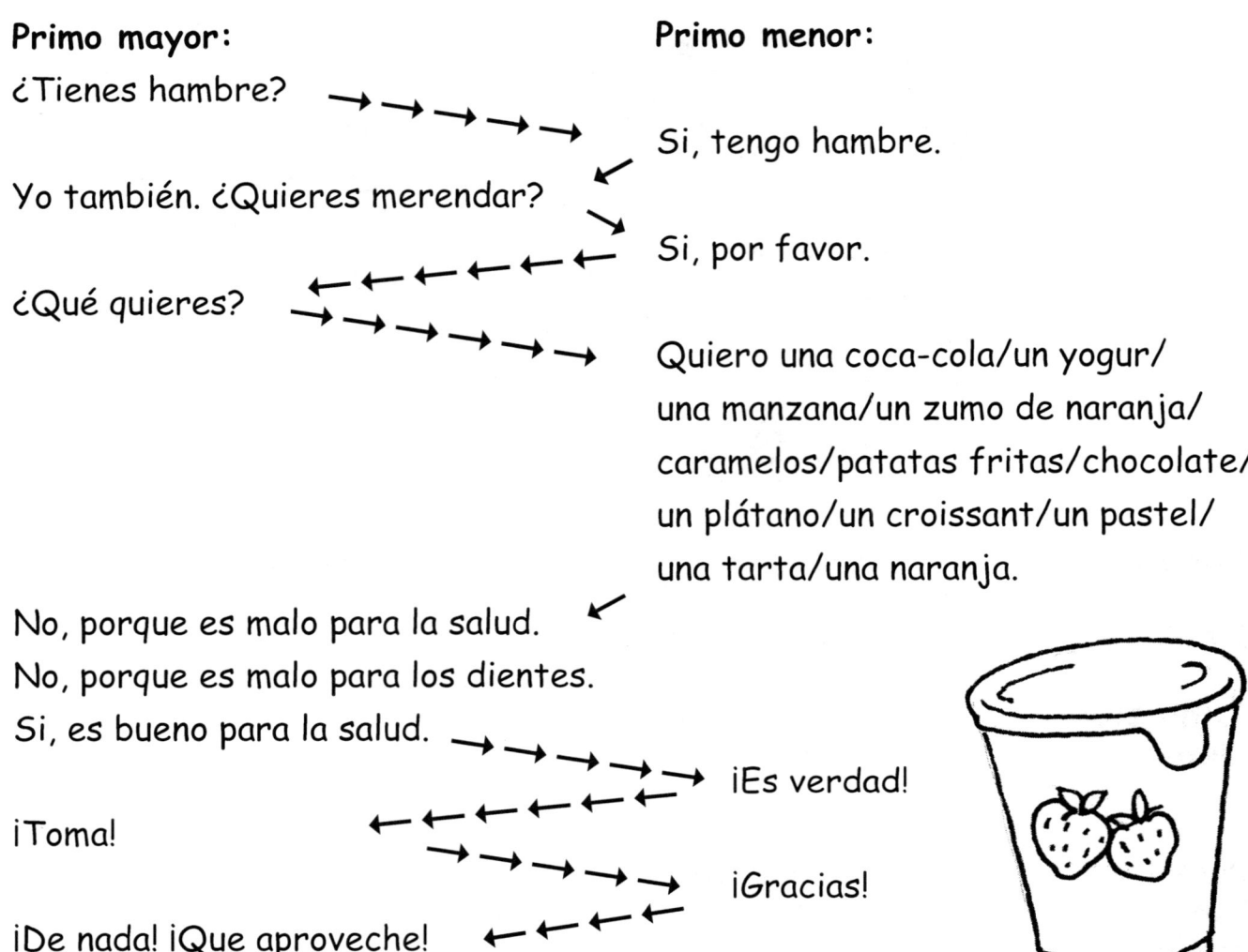

Vocabulario

también.........also	los dientes...........teeth	malo..........bad
porque............because	toma..................take this	es verdad . that's true
la salud ....health	de nada .... that's ok	
merendar........to have tea/snack	¡Que aproveche!...Enjoy it!	

El tiempo y la ropa 1

Draw lines to match the word with the correct picture.

La ropa

Unos vaqueros

Un jersey

Un pijama

Unas zapatilla de deporte

unas sandalias

Una camiseta

Una falda

Una gorra

Un sombrero

Una chaqueta

Unos calcetines

Una camisa

Un abrigo

una vestido

unos zapatos

unos pantalones

unos pantalones cortos

una bufanda

El tiempo

hace buen tiempo

hace frío

hace calor

hace sol

hace viento

está helado

está nevando

está lloviendo

© Sinéad Leleu and Brilliant Publications — Spanish Speaking Activities for KS3

El tiempo y la ropa 2

1. You and a friend disagree on what clothes you should wear today as you disagree on the weather!

In pairs, practise the following conversation.

Elena:	Hoy, me voy a poner una camiseta y unos pantalones cortos.
Javier:	¡Pero está lloviendo!
Elena:	¡No importa!
Javier:	También hace frío.
Elena:	¡No hace frío! Hace calor.
Javier:	Yo me voy a poner unos vaqueros y un jersey.

2. Fill in the blanks to make up your own conversation. Act out the role-play.

Estudiante 1:	Hoy, me voy a poner _____ y _____ .
Estudiante 2	¡Pero está lloviendo!
Estudiante 1:	¡No importa!
Estudiante 2:	También hace frío.
Estudiante 1:	¡No hace frío! Hace calor.
Estudiante 2:	Yo me voy a poner _____ y _____ .

Vocabulario

voy	I am going	ponerse	to put on
y	and	hoy	today
también	also	está lloviendo	it's raining
hace frío	it's cold	no importa	it doesn't matter
hace calor	it's hot		

La academia de famosos

Now is your chance to be part of Star Academy, a TV show to find musical talent! Choose three people in the class to be the judges. The rest of the class divide into groups of three or four and prepare a song or a piece of music. Each group performs their act for the class. Before they perform, the judges ask some questions. After the performance, the judges give their opinions.

Judges:
Choose at least one word or phrase from each section. Be nice! ¡Seas amable!

1. Saludos: ¡Buenos días!   ¡Hola!
                    ¡Gracias!   ¡Adiós!

2. Question: ¿Cómo te llamas?   ¿Cómo se llama tu grupo?
                    ¿Cantas?   ¿Tocas la guitarra?
                    ¿Tocas el violín?   ¿Tocas el piano?
                    ¿Tocas el saxofón?   ¿Te gusta la música rock?
                    ¿Te gusta la música pop?

3. Para empezar: ¡Venga!   ¡Adelante!
                    ¡Puedes empezar!   ¡Podéis empezar!

4. Comentarios: ¡Está bien!   ¡Es genial!   ¡Es horrible¡
                    ¡Es bueno!   ¡Es malo!   ¡No es terrible!

Contestants:
Use the words/phrases below to help you. Good luck! ¡Buena suerte!

- ¡Hola!
- ¡Buenos días!
- Me llamo.
- Mi grupo se llama.
- Si, me gusta _____.
- No, no me gusta _____.
- Si, juego _____.
- No, no juego _____.
- Si, me encanta _____.
- ¡Gracias!
- ¡Adiós!

La academia de famosos
Vocabulario adicional

From page 41

Judges

Section 2
cantar	to sing
jugar	to play
gustar	to like
los tambores	the drums

Section 3
¡Venga!	Go on/Go ahead
¡Adelante!	Come on
Tu puedes	You can (singular)
Vosotros podéis	You can (plural)
empezar	to begin/to start

Section 4
está	it is
bien	good
mal	useless/bad
terrible	awful
genial	great/brilliant
no está bien	not that great
¡Oof!	Not so good

Contestants
Juego	I play
No juego	I don't play
Me gusta	I like
No me gusta	I don't like
Me encanta	I love

En la playa

You are at the beach. In pairs or small groups, act out a role-play where one person asks another to play. Choose at least one line from each block to help you. *¡Que te diviertas!* Have fun!

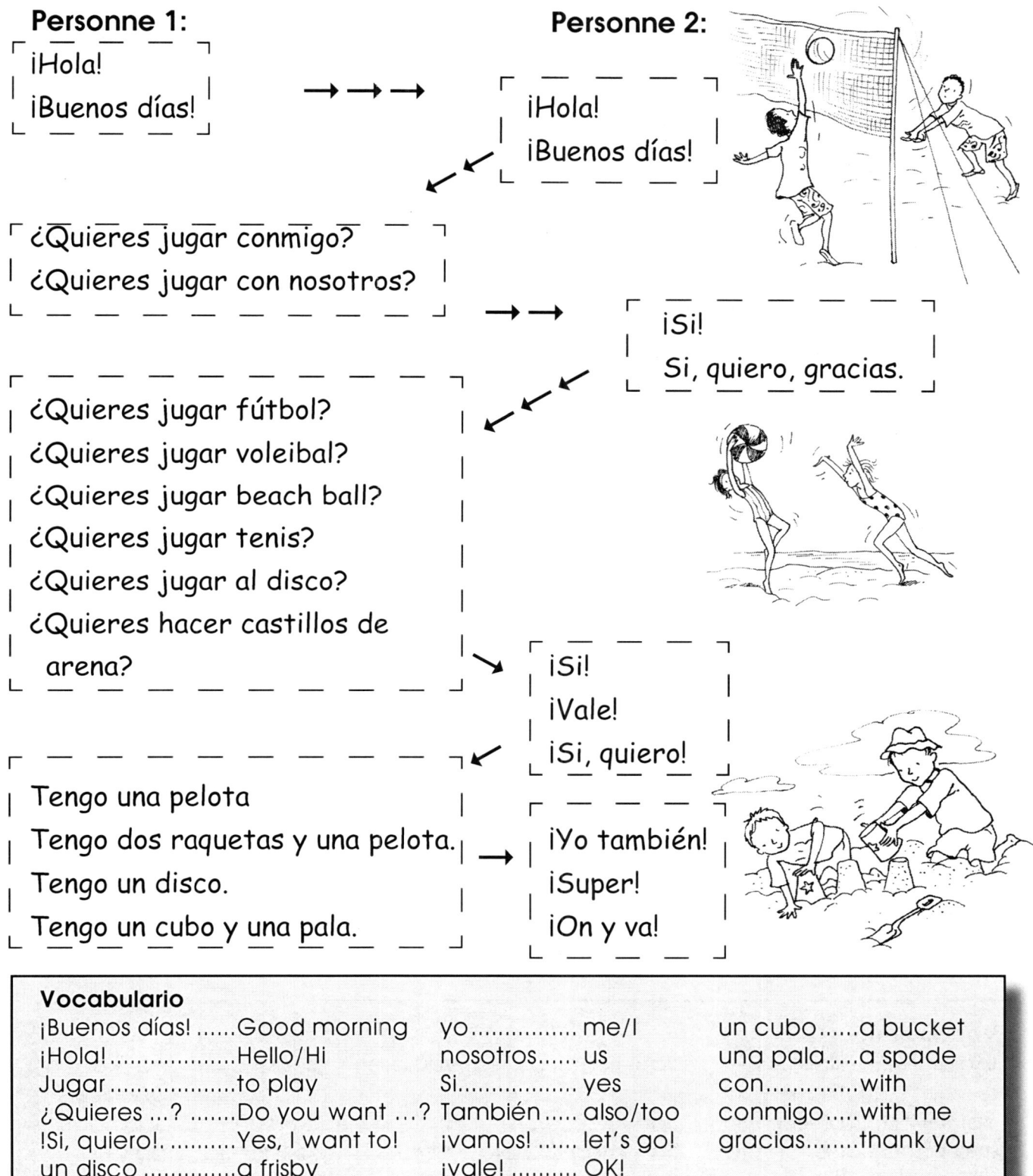

Personne 1:
- ¡Hola!
- ¡Buenos días!

Personne 2:
- ¡Hola!
- ¡Buenos días!

Personne 1:
- ¿Quieres jugar conmigo?
- ¿Quieres jugar con nosotros?

Personne 2:
- ¡Si!
- Si, quiero, gracias.

Personne 1:
- ¿Quieres jugar fútbol?
- ¿Quieres jugar voleibal?
- ¿Quieres jugar beach ball?
- ¿Quieres jugar tenis?
- ¿Quieres jugar al disco?
- ¿Quieres hacer castillos de arena?

Personne 2:
- ¡Si!
- ¡Vale!
- ¡Si, quiero!

Personne 1:
- Tengo una pelota
- Tengo dos raquetas y una pelota.
- Tengo un disco.
- Tengo un cubo y una pala.

Personne 2:
- ¡Yo también!
- ¡Super!
- ¡On y va!

Vocabulario

¡Buenos días! ......Good morning	yo............... me/I	un cubo......a bucket
¡Hola!.................Hello/Hi	nosotros...... us	una pala.....a spade
Jugar...................to play	Si................. yes	con..............with
¿Quieres ...? ....Do you want ...?	También..... also/too	conmigo.....with me
¡Si, quiero!. ....Yes, I want to!	¡vamos! ...... let's go!	gracias........thank you
un disco ....a frisby	¡vale! .... OK!	

En la panadería

1. In pairs, practise this conversation in the bakery. One person is the baker 'el panadero' and the other is the customer 'el cliente'.

El panadero:	!Buenos días, señora!
El cliente:	!Buenos días señor! Una barra y cuatro croissants por favor.
El panadero:	Aquí tienes. Cinco euros, por favor.
El cliente:	Aquí tienes. Cinco euros.
El panadero:	Gracias señora.
El cliente:	Gracias señor. Adiós.
El panadero:	Adiós.

2. You are on holiday in Spain. You have been sent in to the 'panadería' to buy your family's breakfast. Use the conversation above and the vocabulary below to help you make up your own conversation. Divertirse y disfrutar.

El panadero: !Buenos días _____!
(Señor, Señora, Señorita)

El cliente: !Buenos días _____!
(Señor, Señora, Señorita)
Quiero _____ y _____ por favor.

El panadero: Aquí tienes _____ euros, por favor.

El cliente: Aquí tienes _____ euros.

El panadero: Gracias _____ .
(Señor, Señora, Señorita)

El cliente: Gracias _____ . Adiós.
(Señor, Señora, Señorita)

El panadero: Adiós _____ .
(Señor, Señora, Señorita)

Vocabulario

!Hola! .... Hello/Hi	aquí tienes ..... here you are	quiero .... I'd like
gracias .... thank-you	y .... and	adiós .... goodbye
por favor ...... please	pan .... bread	croissants ...... croissants
una barra ..... french stick	pan integral ... brown bread	panadería .... bakers

En el parque de atracciones

1. You are at an amusement park (el parques de atracciones) or at the fun fair (la feria). You would like to buy tickets for a ride. Practise the following conversation in pairs.

El Cajero:	¡Buenos días!
Cliente:	¡Buenos días Señor! 3 entradas. para el tren de la bruja, por favor.
El Cajero:	Aquí tienes. Son 9 euros.
Cliente:	Gracias, Señor. Adiós.
El Cajero:	Gracias. Adiós.

2. Fill in the gaps and choose the word where you have a choice. Use the conversation to help you act out your own role-play.

El Cajero: ¡Hola!

Cliente: Hola, _____ entradas para.
(Señor, Señora, Señorita)

el _____ por favor.

El Cajero: Aquí tienes. Son _____ euros, por favor.

Cliente: Gracias, _____ . Adiós.
(Señor, Señora, Señorita)

El Cajero: Gracias. Adiós.

Vocabulario

la atracción............the ride	la montaña rusa.....the roller coaster
el tren de la bruja.....the ghost train	la noria...................the big wheel
la feria...................the fair	el carrusel...............the merry-go-round
el parque de atracciones...amusement park	

Entrevista con una estrella de cine

In pairs, fill in the blanks in the following conversation between a film star and a radio presenter. Practise the role-play and then perform it for your class.

Interviewer:	Buenos días_____ . (nombre de estrella) ¡Bienvenido a Radio Juventud!
Star:	Buenos días, _____ (nombre de entrevistador) y gracias.
Interviewer:	¿Cuántos años tienes?
Star:	Tengo_____ años.
Interviewer:	¿Dónde vives?
Star:	Vivo en _____
Interviewer:	¿De qué color es tu pelo?
Star:	Mi pelo es_____ .
Interviewer:	¿De qué color son tus ojos?
Star:	Mis ojos son _____ .
Interviewer:	¿Qué es lo que te gusta?
Star:	Me gusta_____ .
Interviewer:	¿Qué es lo que no te gusta?
Star:	No me gusta_____ .
Interviewer:	¿Cuál es tu película favorita?
Star:	Mi pelicula favorita es _____ .
Interviewer:	Muchas gracias. ¡Hasta luego!
Star:	De nada. Adiós.

Vocabulario

bienvenido .... welcome	el pelo .... hair	los ojos .... eyes
gustar .... to like	¡hasta luego! ..... see you later!	

El invitado tímido/a

You have a very shy guest staying at your house. You are trying to make him/her feel at home. In pairs, use the ideas below to act out the role-play. Find five things the shy guest would like to do.

¿Qué quieres hacer?			
	Comer	un bocadillo un bizcocho una fruta	un caramelo algo _____ tu eliges
	Beber	leche agua	zumo de naranja zumo de manzana _____ tu eliges
	Ver	una película un dvd la tele	_____ tu eliges
	Escuchar	la radio música un CD	_____ tu eliges
	Jugar	al fútbol las cartas a Twister	a la PlayStation al baloncesto _____ tu eliges
	Ir	al pueblo a la piscina al cine	al jardín fuera _____ tu eliges
	Llamar a	tus padres tu madre tu padre	alguien

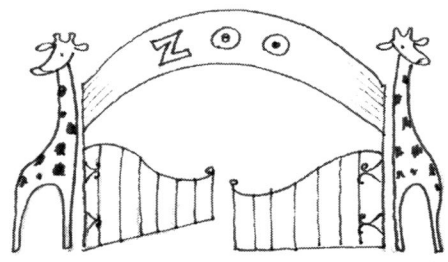

El invitado tímido/a
Vocabulario adicional

From page 47

¿Qué quieres hacer?	What do you want to do?
tu eliges	you choose
comer	to eat
un bizcocho	a cake
un caramelo	a sweet
una bebida	a drink
una coca-cola	a coca-cola
leche	milk
agua	water
zumo de naranja	orange juice
zumo de manzana	apple juice
algo	something
dentro	inside
fuera	outside
ir	to go
jugar	to play
el jardín	the garden
la ciudad	the town
escuchar	to listen
ver	to watch
la piscina	the swimming pool
tus padres	your parents
tu madre	your mother
tu padre	your father
alguien	someone
las cartas	cards
el fútbol	football
el baloncesto	basketball
llamar	to call

¡Veinte preguntas!

Get to know a classmate! In pairs, one person asks the other the following 20 questions. Practise and then perform in front of your class. If you have time swap roles.

1. ¿Cómo te llamas?
2. ¿Cuántos años tienes?
3. ¿Cuando es tu cumpleaños?
4. ¿Dónde vives?
5. ¿De donde eres?
5. ¿Tienes hermanos?
7. ¿En qué curso estás?
8. ¿Cómo se llama tu profesor/a?
9. ¿Cuál es tu asignatura preferida?
10. ¿Cuál es tu libro favorito?
11. ¿Cuál es tu color favorito?
12. ¿Cuál es tu animal favorito?
13. ¿Cuál es tu música favorita?
14. ¿Qué te gusta ver en la tele?
15. ¿Qué te gusta comer?
16. ¿Qué te gusta beber?
17. ¿Cuál es tu deporte favorito?
18. ¿Cuál es tu día favorita?
19. ¿Cuál es tu estación preferida?
20. ¿Cuál es tu película favorita?

Vocabulario

un cumpleaños ... a birthday	un libro .... a book	un día .... a day
un país .... a country	un hermano ... a brother	una hermana .. a sister
ver .... to watch/look	comer .... to eat	beber .... to drink
una asignatura .... a subject	el curso .... a class (year in school)	
una estación .... a season	un/una profesor/a ...... a teacher	

¡Presentando mi vida!

¡Presentando mi vida!	Introducing my life!	
Mi receta de pizza 1	My pizza recipe 1	51
Mi receta de pizza 2	My pizza recipe 2 ●	52
De camino a la escuela	On the way to school	53
!Bienvenidos a nuestra escuela!	Welcome to our school!	54
Mi amigo/a	My friend	55
¡Me presento!	Let me introduce myself!	56
Mi receta de un batido de leche	My milkshake recipe	57

● More challenging activities

Mi receta de pizza 1

Draw lines to match up the ingredients to their translation. Then choose from the ingredients to make up your own delicious pizza.

Read out your recipe for your class. ¡Delicioso! Yummy!

la masa de pizza	minced meat
aceitunas verdes	cooked ham
carne picada	pizza dough
jamón de York	green olives
pollo	salt and pepper
maiz	chicken
sal y pimienta	pinepapple
piña	sweetcorn

Mi receta de pizza

unos tomates	mushrooms
salsa de tomate	eggs
pepperoni	tomato sauce
huevos	pepperoni
unas aceitunas negras	onions
queso rallado	black olives
unas cebollas	grated cheese
unos champiñóns	tomatoes

© Sinéad Leleu and Brilliant Publications
This page may be photocopied for use by the purchasing institute only.

Mi receta de pizza 2

You are the presenter of a TV cookery programme. Fill in the blanks using the ingredients from 'Mi receta de pizza 1' (page 51).

Practise and then present your programme to your class.

Buenos días a todos y bienvenido.

Me llamo_____ .
(tu nombre)

Hoy, para vosotros , una pizza deliciosa!

Necesitas_____
(tus ingredientes)

_____ .

Precalentar el horno a 220°.

Pon la salsa de tomate encima de la masa de pizza.

Añade el queso rallado encima de la salsa de tomate.

Pon _____
(tus ingredientes)

encima del queso rallado.

Cocinar en el horno durante 25 minutos.

Vocabulario

todos...............all	hoy..................today	el horno......the oven
rallado............grated	bienvenidos......welcome	poner..........to put
cocinar............to cook	precalentar......pre-heat	añadir.........to add
durante............for/during	huele bien........it smells good	
tu nombre........your name	necesitas.........you need	

De camino a la escuela

Describe your journey to school to your class. Complete the sentences below using the vocabulary to help you.

Cuando voy a la escuela paso por _____

_____ .

Luego, paso por _____

_____ .

Después paso por _____

_____ .

Al final, llego a la escuela!

Vocabulario

cuando	when	el ayuntamiento	town hall
delante	in front of	un hospital	a hospital
luego	then	un mercado	a market
después	after	un supermercado	a supermarket
al final	at the end	un estación	a station
un río	a river	un edificio	a building
una piscina	a swimming pool	una cafetería	a café
un castillo	a castle	un restaurante	a restaurant
un campo de fútbol	a football pitch	una tienda	a shop
una guardería	a nursery	un museo	a museum
un banco	a bank	el correos	the post office
una panadería	a bakery	una gasolinera	a petrol station
una granja	a farm	una rotonda	a roundabout
una iglesia	a church	un cruz de caminos	a cross road
un estadio	a stadium	una escuela	a school
una farmacia	a pharmacy	una confitería	a sweetshop

¡Bienvenidos a nuestra escuela!

Your school has a group of visitors from Spain. You have been asked to show the visitors around.

Use the phrases below to help you show them around. Your classmates are the Spanish visitors.

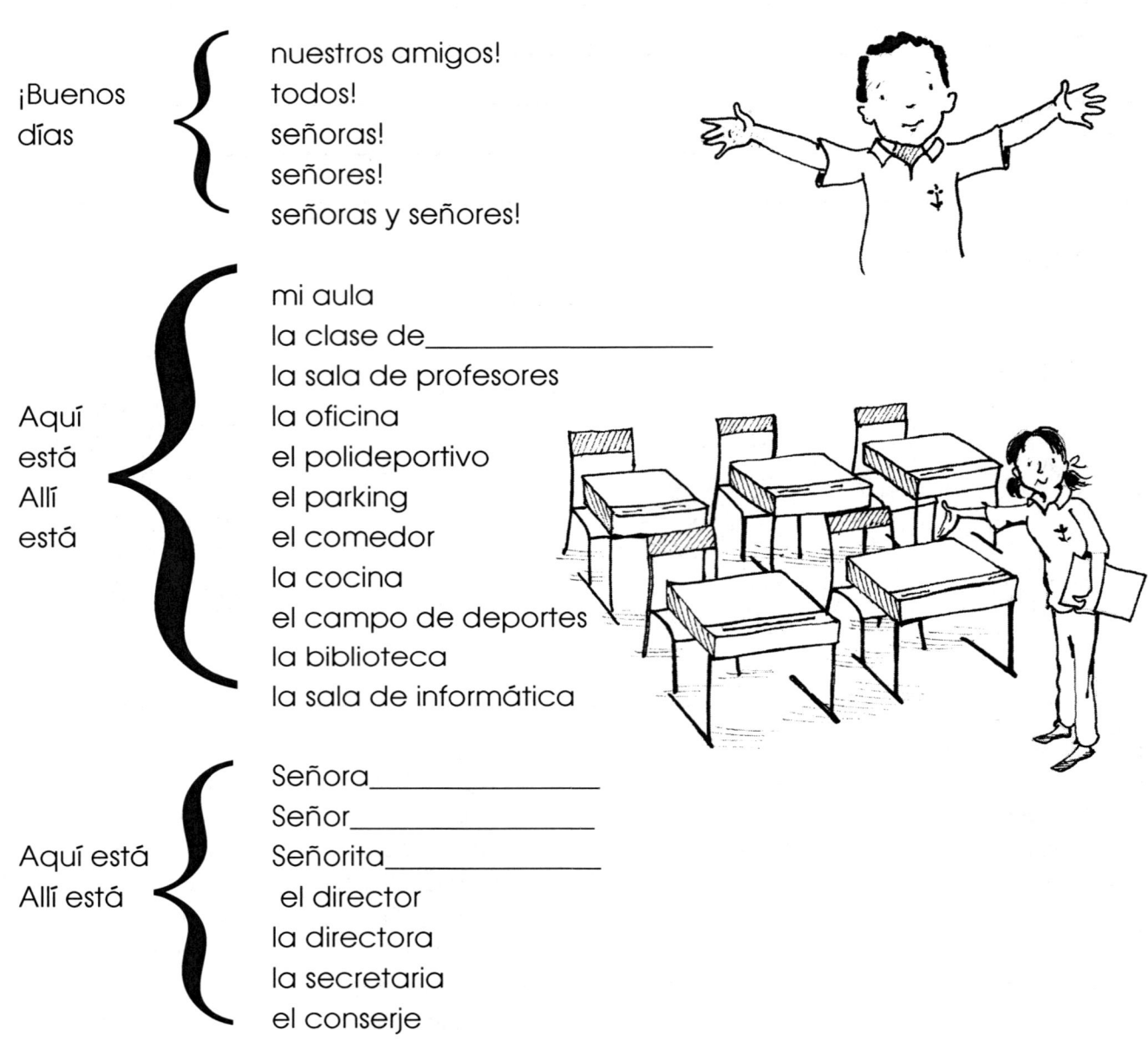

¡Buenos días {
- nuestros amigos!
- todos!
- señoras!
- señores!
- señoras y señores!
}

Aquí está / Allí está {
- mi aula
- la clase de_____
- la sala de profesores
- la oficina
- el polideportivo
- el parking
- el comedor
- la cocina
- el campo de deportes
- la biblioteca
- la sala de informática
}

Aquí está / Allí está {
- Señora_____
- Señor_____
- Señorita_____
- el director
- la directora
- la secretaria
- el conserje
}

Vocabulario

bienvenidos	welcome	nuestra/o	our
aquí está	here is	allí está	there is
nuestros amigos	our friends	todos	everybody
señoras	ladies	señores	gentlemen
un profesor	a teacher (male)	una profesora	a teacher (female)
un aula	a classroom		

Mi amigo/a

Fill in this paragraph about a friend or classmate. Use the vocabulary below to help you. Practise and then present it to your class.

El/ella se llama_____. El/ella tiene_____años.

Su cumpleaños es en _____.
(el mes)

El/ella vive en_____.

El/ella tiene el pelo_____ y los ojos _____.

El/ella es_____ y _____ .
(adjetivo)   (adjetivo)

El/ella le gusta_____ y _____.

Word bank

Los meses: enero   febrero   marzo   abril   mayo   junio   Julio
agosto   septiembre   octubre   noviembre   diciembre

el pelo:
- negro..........black
- marrón........brown
- marrón clarito   light brown
- pelirojo   red
- avellana   hazel

los ojos:
- verdes......green
- marrones   brown
- rubio   blonde
- azules   blue
- de color
- gris...........grey

Los adjetivos:

alto/a..................tall		deportista................sporty	
pequeño/a...........small		tímido/a....................shy	
gracioso/a............funny		hablador/a..............chatty/talkative	
inteligente.............intelligent		simpático..................friendly	
amable..................kind		majo/a......................nice	

Los pasatiempos y los intereses:

- El deporte.............sport
- El fútbol.................football
- El baloncesto........basketball
- El rugby.................rugby
- La danza...............dance
- La gimnasia..........gymnastics
- la equitación........horseriding
- la natación...........swimming
- la lectura..............reading
- el mar....................the sea
- cocinar....................to cook/cooking
- la tele......................TV
- la playstation...........playstation
- la Nintendo.............Nintendo
- los animales............animals
- ir de compras.........shopping
- la moda..................fashion
- la naturaleza...........nature
- el arte.....................art
- el cine.....................the cinema

¡Me presento!

Fill in the blanks below. Use the text to help you talk about yourself to your class.

Buenos días. Me llamo _____. Tengo _____ años.

Mi cumpleaños es en _____.

Tengo los ojos _____ y el pelo_____.

Vivo en_____. Vivo con _____.

Mi escuela se llama_____. Estoy en el _____ curso. Mi asignatura favorita es_____.

Mis pasatiempos son_____ y _____.

Me gusta comer_____ y _____.

Me gusta beber _____ y _____.

Me gusta ver_____en la tele. Mi color favorito es_____ .

¡Así soy yo! Adiós.

Vocabulario

mi cumpleaños	my birthday	el pelo	hair
y	and	los ojo	eyes
vivo	I live	con	with
mi escuela	my school	estoy	I am
curso	year	mi asignatura	my subject
porque	because	comer	to eat
mis pasatiempos	my hobbies	escuchar	to listen
beber	to drink	ver	to look/watch
¡Así soy yo!	That's me!		

Mi receta de un batido de leche

Write out your milkshake recipe using the following ingredients. Then explain to your class how to make it. It's easy!

Los ingredientes

1. 1 cuchara de helado de vainilla
2. 150ml de leche (ciento cincuenta mililitros)
3. 85g de yogur natural (ochenta y cinco gramos)
4. 1 cuchara de miel.
5. Para un batido de plátano – 1 plátano

    de chocolate – 85g de chocolate

    de fresa – 85g de fresas

Mi Batido

Para hacer un batido debe mezclar

_____

_____
(los ingredientes)

_____

en una batidora.

Echar en un vaso …
y beber. ¡Que aproveche!

Mi receta de un batido de leche

Las preguntas de opción múltiple

Las Preguntas de opción múltiples	**Multiple choice questions**		
Los animales	Animals	●	59–60
Los colores	Colours		61
Las vacaciones	Holidays		62–63
El medio ambiente	The environment	●	64–65
Los países y los ciudades	Countries and cities		66
Los sustantivos	Nouns		67
La ciudad	The city		68
Las tareas domésticas	Housework		69

● More challenging activities

Soy rosa.
Vivo en una granja.

Los animales – ¿Qué soy yo?

Try this animal quiz out on a classmate.

1. Soy pequeño. Me gusta el queso. Soy
   a) un cocodrilo
   b) un pez dorado
   c) un ratón

2. Me gustan las zanahorias. Tengo orejas grandes.
   Soy a) una vaca
   b) un gato
   c) un conejo

3. Llevo un pelaje de blanco y negro. Vivo en África
   Soy a) un perro
   b) una cebra
   c) una oveja

4. Me gustan los ratones. Me gusta la leche
   Soy a) un pez dorado
   b) un gato
   c) un león

5. Doy leche. Vivo en una granja
   Soy a) una vaca
   b) un conejo
   c) un pájaro

6. Me gusta nadar. Soy inteligente.
   Soy a) una cebra
   b) un gato
   c) un delfín

7. Soy rosa. Vivo en una granja.
   Soy a) un cerdo
   b) una vaca
   c) un pájaro

8. Tengo un abrigo de lana blanca. Soy
   a) un delfín
   b) un perro
   c) una oveja

9. Soy pequeño. Me gusta nadar. ¡Soy naranja!
   Soy a) un león
   b) un pez dorado
   c) un perro

10. Tengo los dientes grandes. ¡Snap! ¡Snap!
    Soy a) un cocodrilo
    b) un ratón
    c) un conejo

11. Me gusta volar y cantar.
    Soy a) un león
    b) un caballo
    c) un pájaro

12. ¡Soy el rey de los animales!
    Soy a) un cerdo
    b) un león
    c) un perro

un pez dorado

un pájaro

un cerdo

una vaca

un cocodrilo

una oveja

un conejo

un lion

un gato

una cebra

una ratón

Los animales – ¿Qué soy yo?
Vocabulario adicional

From page 59

Soy	I am
Pequeño/a	small
Queso	cheese
Me gusta	to like
Un abrigo	a coat
Lana	wool
Un zanahoria	a carrot
Grande	big
Una oreja	an ear
Ponerse	to put on
Negro/a	black
Blanco/a	white
Volar	to fly
Cantar	to sing
Vivir	to live
En África	in Africa
El rey	the king
Leche	milk
Dar	to give
Una granja	a farm
Rosa	pink
Nadar	to swim
Un diente	a tooth

Los colores

Try this colour quiz out on a classmate.

1. El sol es
   a) azul
   b) amarillo
   c) negro

2. El cielo es
   a) marrón
   b) naranja
   c) azul

3. La nieve es
   a) blanco
   b) rojo
   c) rosa

4. La hierba es
   a) azul
   b) verde
   c) morado

5. Un plátano es
   a) blanco
   b) rosa
   c) amarillo

6. El chocolate con leche es
   a) marrón
   b) negro
   c) blanco

7. Este color también es una fruta.
   a) verde
   b) blanco
   c) naranja

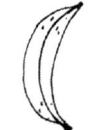

8. Una cebra es
   a) azul y rosa
   b) morado y naranja
   c) negro y blanco

9. Un flamenco es
   a) rojo
   b) rosa
   c) marrón

10. La bandera de España es
    a) azul y rosa
    b) amarillo y rojo
    c) negro y blanco

11. Papá Noel lleva un traje de
    a) amarillo
    b) gris
    c) rojo

12. Blanco y negro mezclados hace
    a) gris
    b) marrón
    c) azul

13. En el 'Mago de Oz' Dorothy lleva zapatos
    a) amarillos
    b) rojos
    c) negros

14. Este color también es una flor.
    a) rosa
    b) rojo
    c) negro

Las vacaciones

Do this holiday quiz on yourself and then compare with a classmate.

1. Voy de vacaciones. Hago
   a) un bizcocho
   b) mi maleta
   c) un bocadillo

2. Voy al aeropuerto para cojer
   a) el avión
   b) el tren
   c) el coche

3. En el hotel duermo en
   a) la ducha
   b) la cocina
   c) mi habitación

4. Hace sol, pongo
   a) crema protectora
   b) mi bufanda
   c) mis botas

5. El sol molesta mis ojos. Pongo
   a) mis gafas de sol
   b) mis zapatos
   c) mi chaqueta

6. Hace calor. Como
   a) un pizza
   b) patatas fritas
   c) un helado

7. Voy a nadar
   a) en el cine
   b) en la piscina
   c) en el supermercado

8. Para nadar pongo
   a) mi chaqueta
   b) mis sandalias
   c) mi traje de baño

9. En la playa, nado en
   a) el mar
   b) una concha
   c) un barco

10. En el mar veo
    a) una bicicleta
    b) un tren
    c) un barco

11. En la playa, busco
    a) conchas
    b) helados
    c) gafas de sol

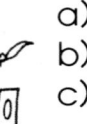

12. En la playa hago
    a) mi maleta
    b) un bocadillo
    c) un castillo de arena

13. Por mi picnic, hago
    a) unos bocadillos
    b) una tortilla francesa
    c) un chocolate caliente

14. ¡Hay hormigas en mi bocadillo!
    a) ¡Delicioso¡
    b) ¡oooof!
    c) ¡Buenos días!

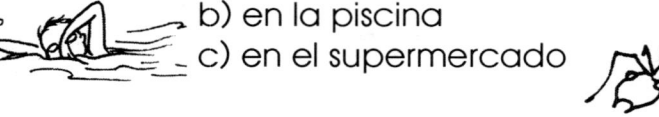

Las vacaciones – Vocabulario adicional
From page 62

voy	I leave/I'm going
de vacaciones	on holiday
llevar	to take
duermo	I sleep/I'm sleeping
el sol	the sun
pongo	I put/I'm putting
los ojos	the eyes
calor	hot
como	I eat/I'm eating
nadar	I swim/I'm swimming
llevo	I wear/I'm wearing
la playa	the beach
cojo	I collect/I'm collecting
veo	I see
el mar	the sea
hago	I make/I'm making
un picnic	a picnic
hormigas	ants
tengo	I have
digo	I say

El medio ambiente

Try this quiz to find out if you are taking care of the planet. Compare your answers with a classmate.

1. ¡Estoy sucio!
   a) me baño
   b) me ducho

2. Tengo sed. Bebo
   a) agua mineral
   b) agua del grifo

3. Voy a la panadería a 1km..
   Voy a) en coche
   b) en bicicleta

4. Voy de picnic.
   Pongo la basura en …
   a) el río
   b) la papelera

5. Tengo frío.
   a) pongo la calefacción
   b) me pongo un jersey

6. Como una manzana. Lo tiro …
   a) en la cama
   b) en el compost

7. Bebo una coca-cola. Lo tiro
   a) en el suelo
   b) en el cubo de reciclaje

8. Salgo. _____ la luz
   a) apago
   b) dejo

Mas de 'a' …
debe cambiar tes habitos.

Mas de 'b' …
¡Muy bien! Sigue.

El medio ambiente
Vocabulario adicional
From page 64

Estoy/soy	I am
sucio	dirty
me ducho	I have a shower
me baño	I have a bath
tengo sed	I'm thirsty
bebo	I drink
agua	water
un grifo	a tap

voy	I go
la panadería	the bakery
voy a	I go to
en coche	by car
en bicicletta	on bicycle

Lo tiro	I throw
la basura	the rubbish
en	in
el río	the river
ea papelera	a waste bin
tengo frío	I'm cold
me pongo/pongo	I put on
la calefacción	the heating
un jersey	a jumper

comer	to eat
debajo de	under
la cama	the bed
bebo	I drink
en la suelo	on the ground
en el cubo de reciclaje	in the recycling
salgo	I go out
la luz	the light
dejo	I leave
apago	I switch off

Los países y las ciudades

Test yourself and then compare your answers with a classmate.

1. ¿Dónde está la Torre Eiffel?
   a) en Londres
   b) à Paris
   c) à Rome

2. ¿Dónde está el Big Ben?
   a) en Dublin
   b) en Lisboa
   c) en Londres

3. ¿Dónde está La Estatua de la Libertad?
   a) en Nueva York
   b) en Bruselas
   c) en Viena

4. ¿Dónde está La Mona Lisa? (Museo del Louvre)
   a) en Madrid
   b) en Glasgow
   c) en Paris

5. ¿Dónde está La Casa Blanca?
   a) en Washington D.C
   b) en Boston
   c) en San Francisco

6. ¿Dónde está la Torre de Pisa?
   a) en Italia
   b) en Francia
   c) en Bélgica

7. ¿Dónde está la Gran Pirámide de Giza?
   a) en Australia
   b) en Los Estados Unidos
   c) en Egipto

8. ¿Dónde está la Gran Muralla?
   a) en Japon
   b) en China
   c) en Rusia

9. ¿Dónde está la Taj Mahal?
   a) en Méjico
   b) en India
   c) en Portugal

10. ¿Dónde están las Cataratas del Niágara?
    a) en el Polo Norte
    b) en Escocia
    c) en Canadá

Los sustantivos

A very curious alien has landed on Earth! Try out the alien's questions on a classmate!

1. ¿Qué es?
   a) un coche
   b) un cd
   c) un avión

2. ¿Qué es?
   a) un elefante
   b) un dvd
   c) una casa

3. ¿Qué es?
   a) el sol
   b) una planta
   c) un conejo

4. ¿Qué es?
   a) un autobus
   b) un chico
   c) una guitarra

5. ¿Qué es?
   a) una mesa
   b) una silla
   c) un hamster

6. ¿Qué es?
   a) una camiseta
   b) el cielo
   c) un restaurante

7. ¿Qué es?
   a) una chica
   b) un helado
   c) un café

8. ¿Qué es?
   a) un teléfono
   b) una flor
   c) un gato

9. ¿Qué es?
   a) un piano
   b) un bebe
   c) un extraterrestre

10. ¿Qué es?
    a) un jardin
    b) una radio
    c) queso

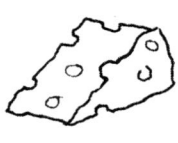

11. ¿Qué es?
    a) una tienda
    b) un restaurante
    c) una persona

12. ¿Qué es?
    a) unos zapato
    b) una luz
    c) un bar

Spanish Speaking Activities for KS3

La ciudad

Try out this town quiz on a classmate.

1. Para coger el tren, voy…
    a) a correos
    b) a la esuela
    c) a la estación

2. Para ver un partido de fútbol, voy…
    a) al museo
    b) al estadio
    c) al Mercado

3. Para comprar una barra de pan, voy…
    a) al banco
    b) a la escuela
    c) a la panadería

4. Para comer, voy…
    a) al hospital
    b) al río
    c) al restaurante

5. Para nadar, voy…
    a) a la piscina
    b) a correos
    c) al banco

6. Para ver unos cuadros o dinosaurios voy…
    a) a la estación
    b) a la cafetería
    c) al museo

7. Por una pierna rota, voy…
    a) al museo
    b) al hospital
    c) a la panadería

8. Para pescar, voy…
    a) a correos
    b) al banco
    c) al río

9. Para aprender y ver a mis amigos, voy…
    a) a la escuela
    b) a la estación
    c) al Mercado

10. Para comprar medicamentos, voy…
    a) a la farmacia
    b) al estadio
    c) al restaurante

11. Para comprar leche, pan y verduras voy…
    a) al museo
    b) al banco
    c) al supermercado

12. Para ingresar o sacar dinero, voy…
    a) a la estación
    b) al banco
    c) al rio

Vocablario

ingresar........to deposit	cojer.......... to take	comprar............. to buy
ver ....to see	pescar .... to fish	leche................. milk
sacar............to take out	comer........ to eat	aprender............ to learn
pan..............bread	dinero .... money	nadar .... to swim
mis amigos ..my friends	voy .... I go	verduras............. vegetables
una pierna rota……a broken leg		

Las tareas domésticas

Find out how often a classmate helps out around the house!

1. ¿Haces tu cama?
   siempre
   a menudo
   a veces
   de vez en cuando
   nunca

2. ¿Recojes tu ropa?
   siempre
   a menudo
   a veces
   de vez en cuando
   nunca

3. ¿Lavas los platos?
   siempre
   a menudo
   a veces
   de vez en cuando
   nunca

4. ¿Barres el suelo?
   siempre
   a menudo
   a veces
   de vez en cuando
   nunca

5. ¿Pasas la aspiradora?
   siempre
   a menudo
   a veces
   de vez en cuando
   nunca

6. ¿Cuelgas tu ropa?
   siempre
   a menudo
   a veces
   de vez en cuando
   nunca

7. ¿Sacas la basura?
   siempre
   a menudo
   a veces
   de vez en cuando
   nunca

8. ¿Planchas?
   siempre
   a menudo
   a veces
   de vez en cuando
   nunca

9. ¿Preparas la mesa?
   siempre
   a menudo
   a veces
   de vez en cuando
   nunca

10. ¿Haces el jardín?
    siempre
    a menudo
    a veces
    de vez en cuando
    nunca

Vocabulario

siempre.......... always	a menudo............. often	nunca......... never
a veces.......... sometimes	de vez en cuando .... once in a while	

Construyendo frases

Construyendo frases	**Making sentences**	
Los animales	Animals	71
El tiempo y la ropa	Weather and clothes	72
Los verbos 1	Verbs 1	73
Los verbos 2	Verbs 2	74
Las asignaturas	Subjects	75

Los animales

Cut out the boxes and make as many sentences as you can using at least one box from each section. For example, *La tortuga es lento*. Read a sentence out for your class.

Section 1

| el león | el canguro | el pez | el elefante |
| el burro | el pájaro | el pollo | la tortuga |

Section 2

| es | no es |

Section 3

lento	fuerte	grande	pequeño
lenta	rápida	ruidoso	pequeña
rápido	feroz	ruidosa	mono
tranquilo	tranquila	ágil	mona

Vocabulaire

Es................is	no es..............isn't	fuerte...........strong	ruidoso(a).....noisy
lento(a)........slow	feroz..............fierce	grande.........big	mono(a)......cute
el león.........lion	el pez............fish	el pájaro......bird	el pollo........chicken
el pequeño(a)...small	el canguro....kangaroo	el elefante....elephant	la tortuga....tortoise

El tiempo y la ropa

Cut out the boxes and make as many sentences as you can using at least one box from each section. For example, *En inviero hace nieve*. Read a sentence out for your class.

---

72 Spanish Speaking Activities for KS3

Los verbos 1

Cut out the boxes and make as many sentences as you can using at least one box from each section. For example, *Cristina bebe una coca-cola*. Read out one of your sentences for your class.

Section 1

| Marta | Pablo | Isabel | Roberto | Cristina | Alex |

Section 2

| come | ve | hace | bebe | lee | escucha |

Section 3

la radio	la tele	una manzana	un cd
una coca-cola	una película	la música	un helado
una canción	una revista	un libro	un bocadillo
unas fritas	un DVD	la natación	un zumo de naranja
la comida	un café	sus deberes	

Vocabulario

comer .... eat/is eating	ve .... watch/is watching
hace .... makes/is making	bebe .... drinks/is drinking
lee .... reads/is reading	escucha .... listens to/is listening to
la radio .... the radio	la tele .... the television
una manzana ..... an apple	un CD .... a CD
una coca-cola ... a coca-cola	una película .. a film
la comida .... the food/dinner	la música .... the music
un helado .... an ice-cream	una canción . a song
sus deberes .... his/her homework	ciclismo .... cycling
un libro .... a book	la natación .... swimming
unas fritas .... some chips	una revista ..... magazine
un café .... cafe	un DVD .... a DVD
un bocadillo .... a sandwich	un zumo de naranja ... orange juice

Los verbos 2

Cut out the boxes and make as many sentences as you can using at least one box from each section for example, *Tengo un perro*. Read out one of your sentences for your class.

Section 1

| Soy
(I am) | Tengo
(I have) | Hago
(I make/I'm making) | Quiero
(I want) | Veo
(I see) |

Section 2

un chico	gracioso(a)	un chocolate caliente	una coca-cola	un perro
una chica	un CD	un bizcocho	una silla	un libro
un gato	el sol	una guitarra	un conejo	una pizza

74 Spanish Speaking Activities for KS3   © Sinéad Leleu and Brilliant Publications
This page may be photocopied for use by the purchasing institute only.

Las asignaturas

Cut out the boxes and make as many sentences as you can using at least one box from each section for example, *Me gusta la historia porqué es interesante.* Read a sentence out for your class.

Section 1

| Me encanta (I love) | Me gusta (I like) | No me gusta (I don't like) | Odio (I hate) |

Section 2

las matemáticas	el inglés	la historia	la geografía
La música	el deporte	el diseño	las ciencias
el francés	el recreo	el arte	la educación física
el español	la natación	la informática

Section 3

| porqué es ... |

Section 4

| fácil | difícil | interesante | aburrido(a) | divertido(a) |

Vocabulario

Me encanta ...I love	Odio .... I hate	No me gusta ...... I don't like
fácil................easy	grand(e) .... big	la natación......... swimming
interesante......interesting	difícil............. difficult	la informática .....computers
el español.......Spanish	el arte............ art	el recreo .... break time
aburrido(a ......boring	divertido(a)...fun	porqué es .... because it's

Los juegos

Los Juegos	**Games**	
Las emociones y los sentimientos 1	Emotions 1	77
Las emociones y los sentimientos 2	Emotions 2	78
La comida – me gusta …	Food – I like …	89
El aula	The classroom	80
¿Quién soy yo? 1	Who am I? 1	81
¿Quién soy yo? 2	Who am I? 2 ●	82–85

● More challenging activities

Las emociones y los sentimientos 1

In pairs, fill in the blanks using the vocabulary in the word bank at the bottom of this page. Then, look at your page for two minutes and memorize as much as you can. One person turns their page over. The second person calls one of the eight names below and the first person has to remember what the feeling was. (There is a clue in the first letter of each name and feeling.)

1
Carlos está _____!

5
Cristina está _____.

2
Teresa está _____!

6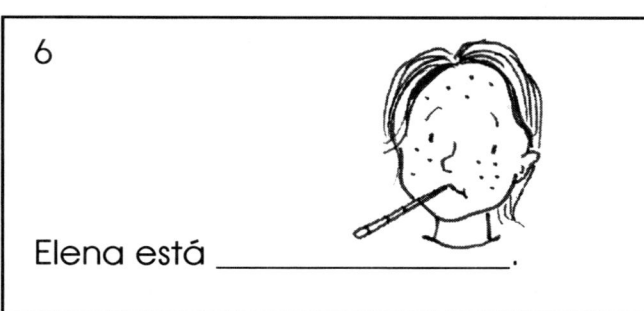
Elena está _____.

3
Carmen está _____.

7
Angel está _____.

4
Stefano está _____!

8
Sofía está_____

Word bank. Fill in the blanks by choosing from the words below.

| triste | asustado | contento | soprendido |
| cansada | enferma | soprendida | contenta |

Las emociones y los sentimientos 2

In pairs, fill in the blanks using the vocabulary in the word bank at the bottom of this page. Then, look at your page for two minutes and memorize as much as you can. One person turns their page over. The second person calls one of the eight names below and the first person tries to remember the feeling.
(There is a clue in the first letter of each name and feeling.)

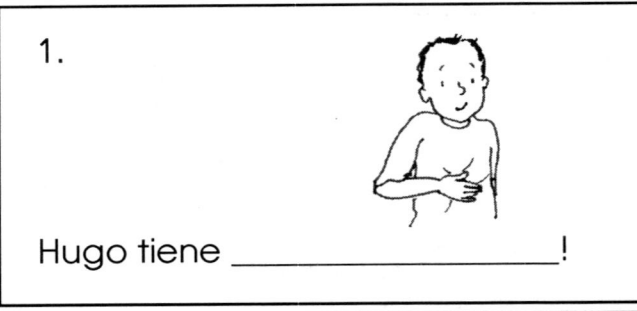
1. Hugo tiene _____!

5. Sergio tiene _____!

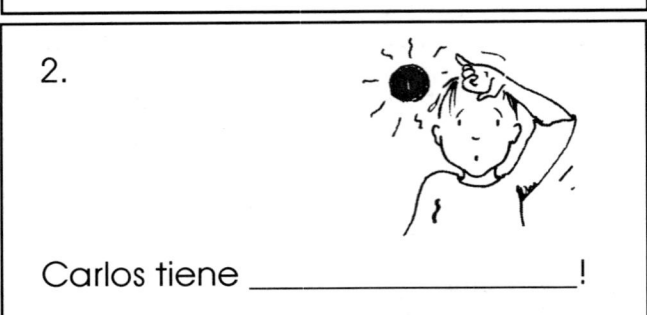
2. Carlos tiene _____!

6. Felipe tiene _____!

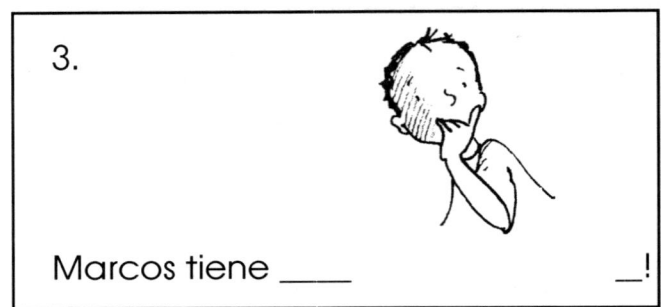
3. Marcos tiene _____!

7. Pedro está _____.

4. Cesar está_____.

8. Enrique está _____.

Word bank. Fill in the blanks by choosing from the words below.

calor	perdido	sed	frío
enfadado	miedo	hambre	confundido

La comida – me gusta...

How well do you know your classmates' tastes in food? Guess who wrote which sentence!

Match up the words to the correct picture. Complete the sentences below. Don't let anybody else see your sentences. Your teacher will pick five people to stand at the top of the classroom. Your teacher then picks a sixth person. The sixth person takes the sentences from the five people, mixes them up and then reads them out. The class tries to guess who wrote which sentence.

Me gusta(n)_____ pero no me gusta(n)_____.

¡Me gusta todo! (I like everything)

Me gusta(n) _____ pero prefiero_____.

El aula

Complete the words. Use the vocabulary in the 'word bank' at the bottom of the page to help you. Work in pairs. You have 2 minutes to memorize this classroom. When 2 minutes are up, turn the page upside down and one person names as many items as they can. Then swop over and the other person tries to name as many items as possible.

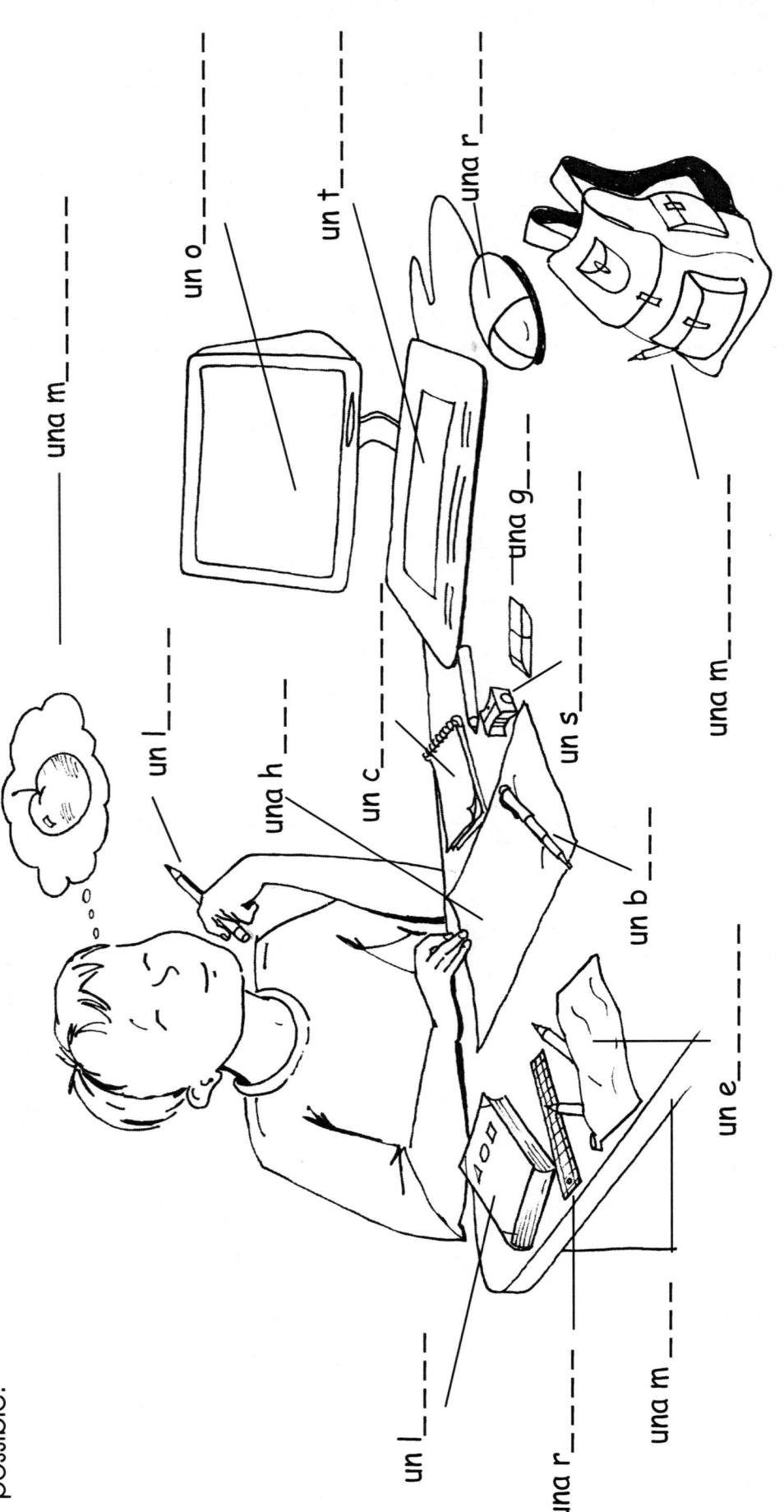

un o_ _ _ _ _ _ _ _
un t_ _ _ _ _ _
una r_ _ _ _
una m_ _ _ _ _ _ _
un l_ _ _ _
una h_ _ _
un c_ _ _ _ _ _ _
una g_ _ _ _
un s_ _ _ _ _ _ _ _ _
un b_ _ _
una m_ _ _
un e_ _ _ _ _ _
un l_ _ _ _ _
una r_ _ _ _
una m_ _ _

Word bank Fill in the blanks by choosing from the words below.
un ordenador   una mesa   un lápiz   una hoja   una manzana   un ratón   un sacapuntas
un libro   un estuche   un bolí   un teclado   una goma   un cuaderno
una mochilla   una regla

¿Quién soy yo? 1

Pretend you are somebody else in the class. Describe yourself using the sentences below.

Your class has to try to guess who you are.

¡Buenos días!

Tengo _____ años

Mis ojos son_____ .

Me gusta(n)_____ y _____ .

Mi pelo es_____ .

No me gusta(n)_____ .

Use the following to help you.

Mis ojos son _____ .

verdes	de color avellana	marrónes
azules	gris	

Mi pelo es _____ .

marrón	corto	rizado	negro
rubio	pelirojo	liso	

Vocabulario

los animales .... animals	el fútbol .... football	leer .... to read
la escuela .... the school	bailar .... to dance	la música .. music
mis amigos ...... my friends	el helado .... ice-cream	cantar .... to sing
la natación ..... swimming	el arte .... drawing/art	la tele .... the tele
el baloncesto . basketball	el ciné .... cinema	pintar .... to paint
la naturaleza .. nature	la moda .... fashion	el queso .... cheese
los deberes ..... homework		

¿Quién soy yo? 2

The person with the name can only say "si, no" or " no sé". Have fun! ¡Pasalo bien!

¿Eres ... ?

Un objeto   un pez
Un animal   un pajaro
Una persona

¿Eres ... ?

una chica   grande   inglés(a)   actor   negro(a)   Eres un character de ...
un chico   pequeño(a)   escocés(a)   actriz   blanco(a)   la historia
un hombre   gordo(a)   gales(a)   cantante   marrón   una película
una mujer   delgado(a)   irlandés(a)   rosa   rojo(a)   una serie de tv
un niño(a)   famoso(a)   Americano(a)   deportista   verde   un libro
un jóven   muerto(a)   francés(a)   azul   amarillo(a)   una obra de teatro
un adulto(a)   vivo(a)   australiano(a)   politico   escritor(a)
una persona inventada   gracioso(a)   canadiense   un(a) artista

Tienes ...
el pelo | negro   corto   rizado
           | marrón   largo   liso
           | rubio   pelirrojo

los ojos ... | azules
             | marrónes
             | claritos
             | verdes

una barba
un bigote
gafas
cuatro patas

Vives ...

en una casa   ¿Juegas a ... ?
en un castillo   fútbol
en el agua   baloncesto   tenis
en una granja   rugby ... para Inglaterra
en los Estados Unidos
en Inglaterra   **¿Cantas ...**
en Escocia
en Gales   solo
en Irlanda   en un grupo

¿Quién soy yo? 2
Vocabulario adicional

For page 82

¿Eres … ?	Are you … ?
un objeto	an object
un pez	a fish
Un animal	an animal
Una persona	a person
Un pajaro	a bird

¿Eres … ? .... Are you … ?

una chica	girl	grande	tall/big
un chico	boy	pequeño	small
Un hombre	a man	gordo (a)	fat
Una mujer	a woman	delgado (a)	thin
Un niño	a child	famoso (a)	famous
un joven	an adolescent	muerto (a)	dead
un adulto	an adult	vivo (a)	alive
un personaje inventado	an invented character	gracioso (a)	funny

¿Eres … ? .... Are you … ?

Ingles(a)	English	un actor	actor	negro(a)	black
Escoces(a)	Scottish	una actriz	actress	blanco(a)	white
Galés	Welsh	un cantante	singer	marrón	brown
Irlandes(a)	Irish	una cantante	singer	rosa (pink)	
Americano(a)	American	deportista	sporty	verde	green
Frances(a)	French	un/a escritor	writer	bleu(e)	blue
Australiano(a)	Australian	un/a politico	politician	rojo(a)	red
Canadiense	Canadian			amarillo	yellow
				naranja	orange

¿Tienes …? .... Do you have …?

el pelo .... hair

negro/a	black	corto	short	muy rizado	very curly
marrón	brown	largo	long	rizado	curly
rubio	blonde	media melena	shoulder-length	pelirojo/a	red
liso	straight	ondulés	wavy		

los ojos .... eyes

azules	blue	marrónes	brown	color avellana	hazel
verde	green	gris	grey	azules claritos	light blue

gafas	glasses	cuatro patas	four paws
una barba	a beard	un bigote	a moustache
alas	wings	un rabo	a tail

¿Quién soy yo? 2
Vocabulario adicional

For page 82

¿Vives…?……………… Do you live…?
    en una casa ……in a house
    en un castillo ……in a castle)
    en el agua ………in water
    en una granja……on a farm
    en una jungla ….in a jungle
    en Inglaterra ……………in England
    en Escocia ………………in Scotland
    en Gales…………………in Wales
    Irlanda……………………in Ireland
    en Los Estados Unidos……in the USA

¿Eres un personaje en…?   Are you a character in…?
    Un cuento ………………… a story
    Una película ……………… a film
    Una serie de tele ………… a TV series
    Un libro…………………… a book
    Un dibujo animado………… a cartoon

¿Cantas…? …. Do you sing…?
    solo………………alone
    En un grupo ………in a group

¿Juegas…?…. Do you play…?
    Al fútbol……………football
    Al baloncesto …..basketball
    Al rugby……………rugby
    Al tenis ……………tennis
    para Inglaterra …………for England
    para … ………………………for …

¿Quién soy yo? 2
Ideas

For page 82

Below are some suggestions of the types of identities you could choose for the pupil.

1. A child in the class

2. A teacher in the school

3. Politicians the children are familiar with eg El primer ministro (Prime Minister) El presidente de los Estados Unidos

4. Writers the children are familiar with eg
   - Roald Dahl
   - Jacquline Wilson
   - J.K Rowling

5. Members of the Royal Family

6. Sports personalities the children are familiar with.
   El capitán del equipo de fútbol Inglés.
   (Captain of the English football team)

7. Singers the children are familiar with

8. TV characters the children are familiar with eg. Bart Simpson

9. Fairy tale/story/movie characters
   - Cenicienta – Cinderella
   - Blanca Nieves – Snow White
   - Rapunzel – Rapunzel
   - Aladino – Aladdin
   - La Sirenita – The Little Mermaid
   - La Bella Durmiente – Sleeping Beauty
   - Winnie the Pooh
   - Tinker Bell – Campanilla
   - Caperucita Roja – Little Red Riding Hood
   - Pinocho - Pinocchio
   - El Mago de Oz – Wizard of Oz
   - Tarzan
   - Alicia en el País de las Maravillas – Alice in Wonderland
   - Harry Potter
   - Mary Poppins
   - Scooby Doo
   - Superman
   - Batman
   - Spiderman
   - Peter Pan
   - Tigger
   - Heidi
   - Mickey Mouse
   - Dumbo

Respuestas (Answers)

Ser and estar (page 31)

Yo soy	Yo estoy
Tu eres	Tu estás
El/ella es	El/ella/usted está
Nosotros somos	Nosotros estamos
Vosotros sois	Vosotros estáis
Ellos/ellas son	Ellos/ellas están

1. Pedro está en casa
2. Mi padre es médico
3. Hoy es viernes
4. Estoy contento/a
5. Soy Americano
6. Los niños son inteligentes.

Tener (page 33)

Tengo una pelota nueva.
¡Wow! **Tienes** una pelota nueva.
¡Mira! **El tiene** una pelota nueva.
¡No! **Tenemos** una pelota.
Si. **Tenemos** una pelota nueva.
¡Wow! **Tenéis** una pelota nueva.

El Cuerpo 1 (page 34)

Match the sentence to the correct picture:

1. Me duele la rodilla — My knee hurts
2. Me duele la oreja — My ear hurts
3. Me duelen los dientes — I have tooth ache
4. Me duele la nariz — My nose hurts
5. Me duele mi pie — My foot hurts
6. Me duele el brazo — My arm hurts
7. Tengo varicela — I have chicken pox
8. Me duele el estómago — Stomach ache
9. Me duele la cabeza — My head hurts
10. Me duele el ojo — My eye hurts
11. Me duele el dedo — Sore finger
12. Tengo fiebre — I have a fever!
13. Estoy constipado — I have a cold
14. ¡Me duele todo! — I hurt all-over

En el mercado (page 36)

- **M:** Buenos días, Señora
- **C:** Buenos días, Señor
- **M:** ¿Qué quieres?
- **C:** Quiero 2 kilos de tomates, una lechuga y un pepino, por favor.
- **M:** ¿Algo más?
- **C** Eso es todo
- **M** Aquí tienes. Será ____ euros, por favor.
- **C** Aquí tienes _____ euros Señor.
- **C** Gracias señor
- **M** Gracias, Señora, adios
- **C:** Adiós, Señor

El tiempo y la ropa (page 39)

La ropa	The clothes
Unas sandalias	sandals
Unos vaqueros	jeans
Unos pijamas	pyjamas
Un jersey	jumper
Una camiseta	a T-shirt
Unas zapatillas de deporte	trainers
Un sombrero	hat
Una falda	skirt
Una chaqueta	jacket
Un gorro	cap
Una camisa	blouse
Un vestido	dress
Unos calcetines	socks
Un abrigo	coat
unos pantalones	trousers
Unos zapatos	shoes
una bufanda	scarf
Unos pantalones cortos	shorts

El tiempo	The weather
hace bueno	It's fine
hace frío	It's cold
hace calor	It's hot
hace sol	It's sunny
hace viento	It's windy
está helado	It's icy
está nevando	It's snowing
está lloviendo	It's raining

Mi receta de pizza! 1 (page 51)

unos tomates	tomatoes
unos champiñónes	mushrooms
salsa de tomate	tomato sauce
pepperoni	pepperoni
huevos	eggs
unas aceitunas negras	black olives
queso rallado	grated cheese
cebollas	onions
la masa de pizza	pizza dough
aceitunas verdes	green olives
carne picada	minced meat
jamón de York	cooked ham
pollo	chicken
maiz	sweetcorn
sal y pimienta	salt and pepper
piña	pinepapple

Los animales (page 59)
1c 2c 3b 4b 5a 6c 7a
8c 9b 10a 11c 12b

Los colores (page 61)
1b 2c 3a 4b 5c 6a 7c
8c 9b 10b 11c 12a 13b 14a

Las vacaciones (page 62)
1b 2a 3c 4a 5a 6c 7b
8c 9a 10c 11a 12c 13a 14b

Los países y la ciudades (page 66)
1b 2c 3a 4c 5a 6a 7c
8b 9b 10c

Los sustantivos (page 67)
1c 2a 3c 4c 5b 6a 7a
8b 9c 10c 11b 12a

7. El ciudad (page 68)
1c 2b 3c 4c 5a 6c 7b
8c 9a 10a 11c 12b

Las emociones y los sentimientos 1 (page 77)

1. Carlos está contento.
2. Teresa está triste.
3. Carmen está cansada.
4. Stefano está soprendido.
5. Cristina está contenta.
6. Elena está enferma.
7. Angel está asustado.
8. Sofía está soprendida.

Las emociones y los sentimientos 2 (page 78)

1. Hugo tiene hambre.
2. Carlos tiene calor.
3. Marcos tiene miedo.
4. Cesar está confundido.
5. Sergio tiene sed.
6. Felipe tiene frío.
7. Teo llega tarde.
8. Enrique está enfadado.

La comida – me gusta… (page 79)

La sopa	bowl of soup
La pizza	pizza
Un bocadillo	sandwich
El helado	ice-cream
Las salchichas	sausages
La lasagne	lasagne
La pasta	pasta
El filete con fritas	steak and chips
La ensalada verde	green salad
La fruta	fruit
El pescado	fish
El pollo con arroz	chicken and rice
Una tortilla francesa	an omelette
espaguetis a la boloñesa	spaghetti bolognaise

El aula (page 80)
Complete the words.

una lonchera	a lunch box
un ordenador	a computer
una silla	a chair
un teclado	a keyboard
un cuaderno	a notebook
un lápiz	a pencil
un ratón	a mouse
una mesa	a table
una goma	a rubber
un sacapuntas	a pencil sharpener
un libro	a book
un bolí	a pen
una hoja	a sheet
una regla	a ruler
un estuche	a pencil case
una mochila	a rucksack

El aula
(page 80)

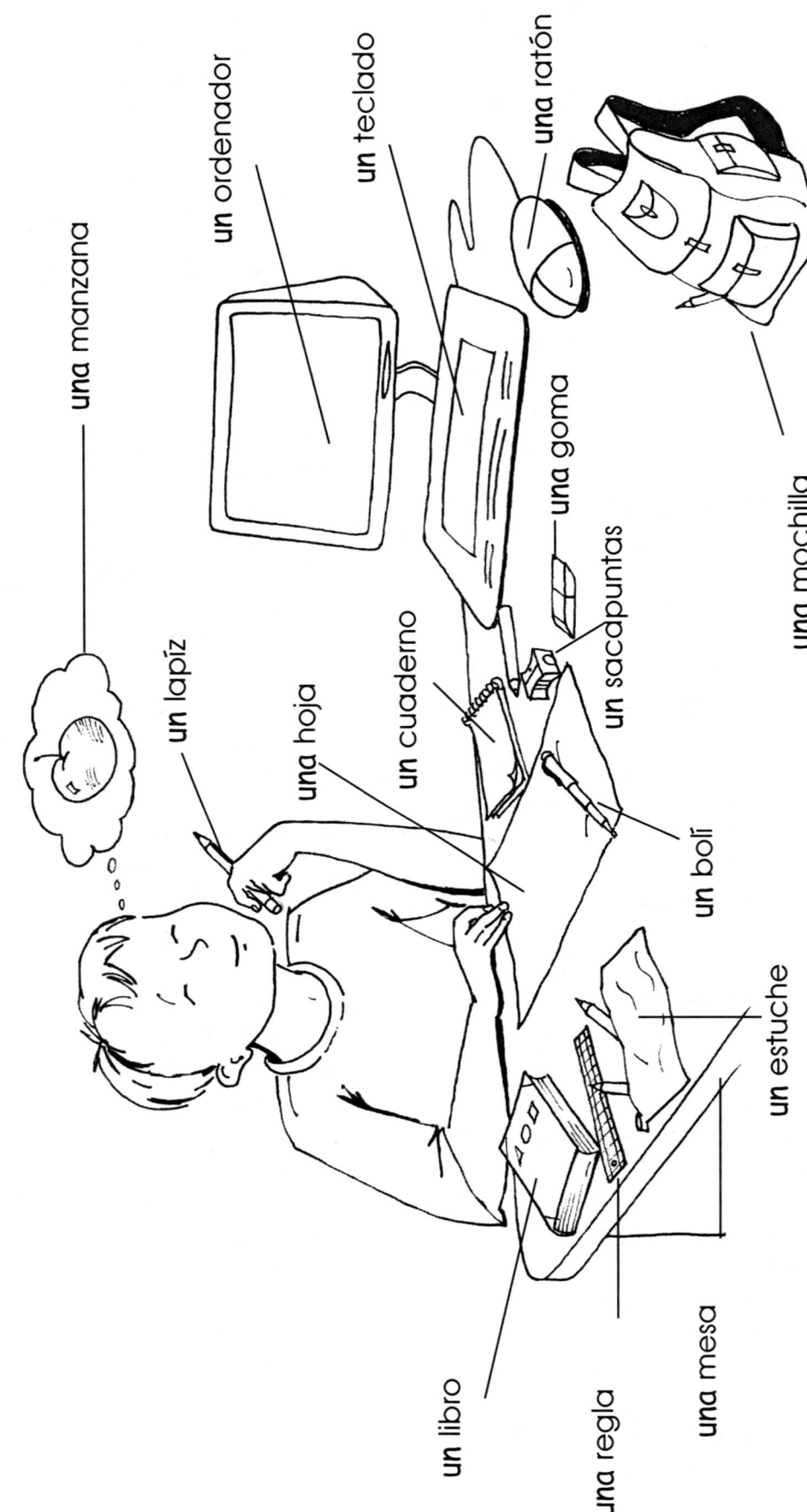

Lightning Source UK Ltd.
Milton Keynes UK
UKOW010200270612

195023UK00003B/16/P